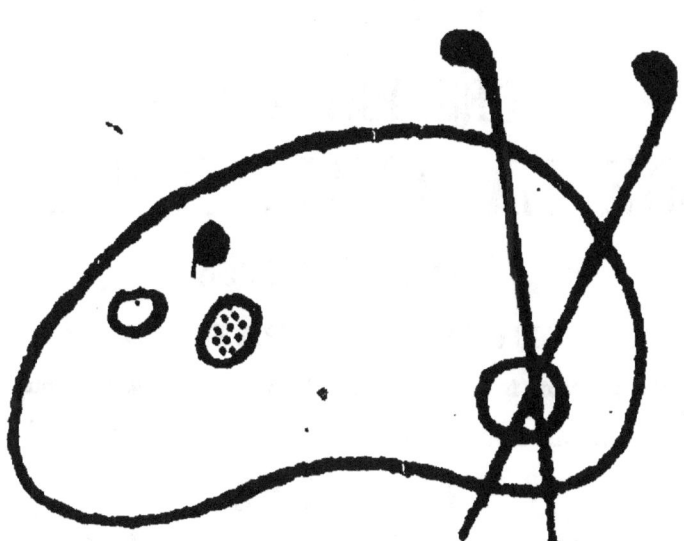

Début d'une série de documents en couleur

LES PRINCIPES DE LA PHILOSOPHIE

Par DESCARTES,

PREMIÈRE PARTIE

Traduction française de Picot approuvée par l'auteur

ÉDITION AVEC INTRODUCTION ET APPRÉCIATIONS

Par H. JOLY

Doyen honoraire de la Faculté des Lettres de Dijon,
Maître de Conférences à la Faculté des Lettres de Paris.

PARIS
IMPRIMERIE ET LIBRAIRIE CLASSIQUES
Maison Jules Delalain et Fils
DELALAIN FRÈRES, Successeurs
56, Rue des Écoles.

On trouve à la même librairie :

DESCARTES. *Discours de la Méthode*, suivi de la *Première Méditation*, avec introduction et notes par M. H. Joly, doyen honoraire de la faculté des lettres de Dijon, maître de conférences à la faculté des lettres de Paris ; 1 vol. in-12, br. 1 f. 25 c.

DESCARTES. *Première Méditation*, avec notes et appréciations critiques par M. H. Joly ; in-12, br. 40 c.

FÉNELON. *Traité de l'Existence de Dieu*, édition classique, avec introduction, analyse développée, appréciations philosophiques et critiques, etc., par M. H. Joly ; 1 vol. in-12, br. 1 f. 60 c.

COURS DE PHILOSOPHIE, rédigé conformément au nouveau programme officiel des lycées prescrit par arrêté du 22 janvier 1885, par M. H. Joly : 8e édition entièrement refondue ; 1 fort vol. in-12, br. 5 f.

ÉTUDES SUR LES OUVRAGES PHILOSOPHIQUES prescrits par l'arrêté du 22 janvier 1885 pour la Classe de Philosophie des Lycées, analyses, commentaires, appréciations, par M. H. Joly ; in-12, br. » f.

PASCAL. *Opuscules philosophiques*, de l'Autorité en matière de Philosophie, de l'Esprit géométrique, Entretien avec M. de Saci sur Épictète et Montaigne, avec introduction, analyse et appréciations par M. F. Cadet, professeur du lycée de Reims : nouvelle édition ; in-12, br. 75 c.

LEIBNIZ. *La Monadologie*, avec introduction, analyse développée et appréciations philosophiques et critiques par M. Th. Desdouits, professeur de philosophie au lycée de Versailles ; 1 vol. in-12, br. 1 f. 25 c.

CONDILLAC. *Traité des Sensations*, livre premier, avec introduction, par M. Segond, professeur de philosophie au collège Stanislas ; 1 vol. in-12, br. » f.

BOSSUET. *Traité de la Connaissance de Dieu et de soi-même*, avec analyse développée et appréciations critiques par M. E. Lefranc ; in-12, br. 1 f. 60 c.

LOGIQUE (LA), ou l'Art de penser, etc., de *Port-Royal* : nouvelle édition, avec introduction, analyse développée et appréciations critiques par M. L. Barré, professeur de philosophie ; 1 vol. in-12, br. 2 f. 50 c.

PLATON. *La République*, sixième livre, *texte grec et traduction française en regard*, édition avec introduction, notes et remarques, par M. L. Carrau, directeur des conférences de philosophie à la faculté des lettres de Paris ; in-12, cart. » f.

ARISTOTE. *Morale ou Éthique à Nicomaque*, livre dixième, *texte grec et traduction française en regard*, avec introduction, analyse, notes et remarques ; in-12, cart. » f.

ÉPICTÈTE (MANUEL D'), *texte grec et traduction française en regard*, édition précédée d'une introduction et accompagnée de notes et appréciations critiques par M. H. Joly ; in-12, cart. 1 f.

CICÉRON. *Des Devoirs*, livre premier, *texte latin et traduction française en regard*, édition précédée d'une introduction et d'une analyse générale et accompagnée d'appréciations critiques par M. H. Joly ; in-12, cart. » f.

CICÉRON. *De la Nature des Dieux*, livre second, *texte latin et traduction française en regard*, édition précédée d'une introduction et accompagnée de notes et appréciations par M. H. Joly ; in-12, cart. » f.

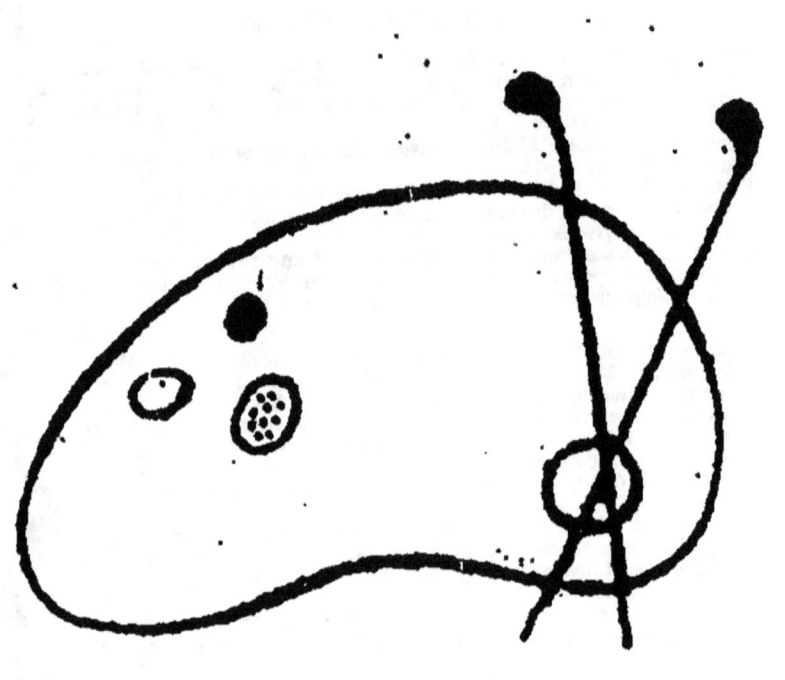

Fin d'une série de documents en couleur

LES PRINCIPES

DE LA

PHILOSOPHIE

PREMIÈRE PARTIE

On trouve à la même librairie :

Descartes. *Discours de la Méthode*, suivi de la *Première Méditation*, avec introduction et notes par *M. H. Joly*, doyen honoraire de la faculté des lettres de Dijon, maître de conférences à la faculté des lettres de Paris ; 1 vol. in-12, *br.* 1 f. 25 c.

Descartes. *Première Méditation*, avec notes et appréciations critiques par *M. H. Joly* ; in-12, *br.* 40 c.

Fénelon. *Traité de l'Existence de Dieu*, édition classique, avec introduction, analyse développée, appréciations philosophiques et critiques, etc., par *M. H. Joly* ; 1 vol. in-12, *br.* 1 f. 60 c.

Cours de Philosophie, rédigé conformément au nouveau programme officiel des lycées prescrit par arrêté du 22 janvier 1885, par *M. H. Joly* ; 8e édition entièrement refondue ; 1 fort vol. in-12, *br.* 5 f.

Études sur les Ouvrages philosophiques prescrits par l'arrêté du 22 janvier 1885 pour la Classe de Philosophie des Lycées, analyses, commentaires, appréciations, par *M. H. Joly* ; 1 vol. in-12, *br.* » f.

Pascal. *Opuscules philosophiques*, de l'Autorité en matière de Philosophie, de l'Esprit géométrique, Entretien avec M. de Saci sur Épictète et Montaigne, avec introduction, analyse et appréciations par *M. F. Cadet*, professeur du lycée de Reims : nouvelle édition ; in-12, *br.* 75 c.

Leibniz. *La Monadologie*, avec introduction, analyse développée et appréciations philosophiques et critiques par *M. Th. Desdouits*, professeur de philosophie au lycée de Versailles ; 1 vol. in-12, *br.* 1 f. 25 c.

Condillac. *Traité des Sensations*, livre premier, avec introduction, par *M. Segond*, professeur de philosophie au collège Stanislas ; 1 vol. in-12, *br.* » f.

Bossuet. *Traité de la Connaissance de Dieu et de soi-même*, avec analyse développée et appréciations critiques par *M. E. Lefranc* ; in-12, *br.* 1 f. 60 c.

Logique (La), ou l'Art de penser, etc., de *Port-Royal* : nouvelle édition, avec introduction, analyse développée et appréciations critiques par *M. L. Barré*, professeur de philosophie ; 1 vol. in-12, *br.* 2 f. 50 c.

Platon. *La République*, sixième livre, *texte grec et traduction française en regard*, édition avec introduction, notes et remarques, par *M. L. Carrau*, directeur des conférences de philosophie à la faculté des lettres de Paris ; in-12, *cart.* » f.

Aristote. *Morale ou Éthique à Nicomaque*, livre dixième, *texte grec et traduction française en regard*, avec introduction, analyse, notes et remarques ; in-12, *cart.* » f.

Épictète (Manuel d'), *texte grec et traduction française en regard*, édition précédée d'une introduction et accompagnée de notes et appréciations critiques par *M. H. Joly* ; in-12, *cart.* 1 f.

Cicéron. *Des Devoirs*, livre premier, *texte latin et traduction française en regard*, édition précédée d'une introduction et d'une analyse générale et accompagnée d'appréciations critiques par *M. H. Joly* ; in-12, *cart.* » f.

Cicéron. *De la Nature des Dieux*, livre second, *texte latin et traduction française en regard*, édition précédée d'une introduction et accompagnée de notes et appréciations par *M. H. Joly* ; in-12, *cart.* » f.

LES PRINCIPES
DE LA
PHILOSOPHIE

Par DESCARTES,

PREMIÈRE PARTIE

TRADUCTION FRANÇAISE DE PICOT
APPROUVÉE PAR L'AUTEUR

ÉDITION AVEC INTRODUCTION, ET APPRÉCIATIONS PHILOSOPHIQUES
ET CRITIQUES

Par H. JOLY

DOYEN HONORAIRE DE LA FACULTÉ DES LETTRES DE DIJON,
MAITRE DE CONFÉRENCES A LA FACULTÉ DES LETTRES DE PARIS.

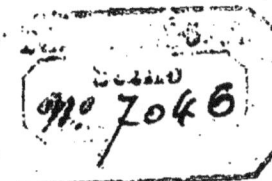

PARIS
IMPRIMERIE ET LIBRAIRIE CLASSIQUES
Maison Jules DELALAIN et Fils
DELALAIN FRÈRES, Successeurs
56, RUE DES ÉCOLES.

Toute contrefaçon sera poursuivie conformément aux lois; tous les exemplaires sont revêtus de notre griffe.

1885.

INTRODUCTION.

I. — Notice sommaire sur Descartes. Ses travaux avant le « Discours de la Méthode ».

René Descartes, le rénovateur de la philosophie, l'un des pères de la science moderne, naquit le 31 mars 1596 à la Haye, en Touraine [1], et mourut à Stockholm le 11 février 1650. Il fut élevé au collège de la Flèche, alors dirigé par les Jésuites : il y resta huit ans, de 1604 à 1612. Il en sortit donc à seize ans, et on sait ce qu'il nous dit des études qu'il y avait faites. « J'y avais appris tout ce que les autres y apprenaient, et même, ne m'étant pas contenté des sciences qu'on nous enseignait, j'avais parcouru tous les livres traitant de celles qu'on estime les plus curieuses et les plus rares qui avaient pu tomber entre mes mains. » Le 10 novembre 1616, il fut reçu licencié en droit à l'Université de Poitiers [2]. Nous

---

1. Diverses provinces ont revendiqué l'honneur d'être la vraie patrie de la famille de Descartes. S'il naquit en Touraine, si son père occupait une charge au parlement de Bretagne, sa famille maternelle tout entière et sa famille paternelle en grande partie étaient poitevines. Le fief des Cartes, d'où venait son nom patronymique, était un fief poitevin, ainsi que le Perron, dont il reçut le nom en naissant. C'était enfin en Poitou qu'il avait tous ses biens, et, dans le nombre, une maison à Poitiers même. Aussi, quand il passa ses examens de droit (*voyez la note suivante*), fut-il inscrit comme du diocèse de Poitiers. (Nous empruntons ces détails à une brochure de M. E. BEAUSSIRE : *Deux Étudiants de l'Université de Poitiers, Bacon et Descartes.*)

2. On a retrouvé dans les anciens registres de l'école la mention des examens de Descartes :

« *Nobilis vir Renatus Descartes, diocesis Pictaviensis, creatus fuit baccalaureus in utroque jure die nona, et licenciatus in eisdem canonico et civili juribus die decima mensis novembris, anno Domini millesimo sexcentesimo decimo sexto.*

« *Examinatus ad 40 theses de testamentis ordinandis in utroque jure, pure et simpliciter de justitia et de jure; et laudetur.* »

ne raconterons pas comment, « mécontent des docteurs et des livres », il se résolut à ne plus chercher la science « qu'en « lui-même ou dans le grand livre du monde ». Chacun connaît sa vie quelque peu aventureuse et ses nombreux voyages. Engagé comme volontaire, d'abord au service de Maurice de Nassau, puis de divers princes d'Allemagne, il renonce bientôt à l'état militaire, et il parcourt du nord au midi diverses parties de l'Europe, « tâchant d'être plutôt « spectateur qu'acteur en toutes les comédies qui s'y jouent ». Revenant à Paris, il n'y trouve pas la tranquillité et la solitude qu'il désire : il est assailli d'un côté par ses parents, qui le voudraient voir acheter une charge, d'un autre côté par toute l'élite de la société polie et savante, où l'on se dispute ses entretiens, et où l'on sollicite de lui des écrits [1]. Il se retire donc en Hollande, où il passe vingt-trois ans. Sur les instances de la reine Christine, il se rend en Suède, où, après quelques mois de séjour, la rigueur du climat cause sa mort à l'âge de cinquante-trois ans.

On peut s'étonner, au premier abord, que, doué, comme il l'était, d'un esprit méditatif, Descartes ait cherché non seulement le séjour des grandes villes[2], mais celui des cours et des armées, qu'il ait aimé, comme il l'a fait, les grands spectacles, et que, pour réformer la philosophie, les mathématiques et la physique, il se soit trouvé plus à l'aise au milieu des soldats de la guerre de Trente ans, des marchands et des marins d'Amsterdam, que près des savants, ou tout au moins dans le silence et la solitude. Mais lui-même, dans de charmantes lettres à Balzac, a expliqué cette apparente contradiction. Il aimait pour son imagination et pour ses yeux la variété tumultueuse des foules, qui lui donnait, d'ailleurs, ample matière à réflexion. Et cette réflexion même, elle lui paraissait plus facile là où nul n'était attentif à sa personne et ne venait, par des visites et des questions importunes, déranger le cours de ses spéculations. « Je vais

---

1. Il faut compter parmi ses meilleurs amis le P. Mersenne, fort versé dans les mathématiques, correspondant assidu de Descartes, comme de beaucoup d'autres savants d'alors; et le jeune Mydorge, neveu du président Lamoignon. Mydorge consacra plus de cent mille écus de sa fortune à composer des instruments d'optique.
2. En Hollande, il aimait de préférence Amsterdam.

me promener tous les jours, écrivait-il, parmi la confusion
« d'un grand peuple, avec autant de liberté et de repos que
« dans vos allées; et je n'y considère pas autrement les
« hommes que j'y vois que je ferais les arbres qui se ren-
« contrent en nos forêts, ou les animaux qui y paissent. Le
« bruit même de leur fracas n'interrompt pas plus mes
« rêveries que ferait celui de quelque ruisseau. »

A quels travaux aboutirent ce qu'il appelle ses rêveries ?

Le *Discours de la Méthode* parut en 1637. Descartes avait quarante et un ans. C'était le premier ouvrage qu'il *publiât*. Mais ce serait une erreur considérable que d'y voir le premier essai d'une pensée cherchant sa voie. Si Descartes n'avait rien publié encore, il avait beaucoup composé pour lui-même, tout en faisant connaître ses principales idées dans des leçons et discussions publiques ou dans des lettres. Sa correspondance, ainsi que les renseignements fournis par ses biographes, permet de reconstituer la série des travaux qui précédèrent l'apparition du *Discours de la Méthode*. Nous allons les résumer brièvement[1].

En 1618, deux ans après avoir été reçu licencié en droit, il composait un *Compendium Musicæ*, où dominait déjà la méthode mathématique, et un *Traité d'Algèbre*, aujourd'hui perdu. Nous tenons de lui-même que peu après, en Allemagne, au milieu des armées où il servait (c'était le commencement de la guerre de Trente ans), il jeta les fondements de sa méthode[2] et en tira l'une des plus mémorables découvertes qui aient ajouté à la force et à l'étendue de l'esprit humain, l'application de l'algèbre à la géométrie. Nous connaissons même la date précise où, l'esprit et le corps agités par des espèces d'hallucinations et par des rêves fiévreux, mais surtout le cœur rempli d'enthousiasme, il aperçut toute la portée de cette découverte. C'était le 10 novembre 1617 (*X novembris quum plenus forem enthousiasmo et mirabilis scientiæ fundamenta reperirem*). Peu après, comme il venait, à ce qu'on croit, de prendre part à la bataille de Prague, il fit une autre découverte, que lui-même qualifie encore d'*ad-*

---

1. On peut consulter à ce sujet la thèse de M. J. MILLET : *Descartes, sa Vie, ses Travaux, ses Découvertes avant 1637.*

2. Ce fut là sans aucun doute qu'il se livra, « dans un poêle », à ces méditations qu'il raconte dans la Deuxième Partie du *Discours*.

mirable, bien que, suivant les expressions de son *Journal*, il ne s'agisse plus d'une *science* inventée, mais d'une découverte spéciale ; elle se rapportait sans doute à ses études commencées sur l'algèbre, et nous pouvons encore la rattacher à une date authentique, 11 novembre 1620. L'exhumation récente de papiers inédits et la réunion de plusieurs témoignages [1] nous permettent d'établir qu'en 1621 Descartes avait composé de plus un certain nombre de petits traités en latin, quelques-uns sur des sujets de morale et contenant des observations personnelles [2], d'autres sur la nature du langage et sur ses rapports avec la pensée [3], d'autres enfin sur divers sujets de mathématiques [4]. Dans les fragments retrouvés de l'un de ces ouvrages (*Considérations sur les Sciences en général*) apparaissait déjà la puissante ambition du savant universel, et sa confiance pour ainsi dire illimitée dans sa méthode. « Pour celui, écrivait-il, qui voit à fond
« l'enchaînement des sciences, il ne sera pas plus difficile
« de les conserver dans sa mémoire que de retenir la série
« des nombres... J'ai songé, dit-il encore, que je pouvais
« facilement embrasser dans mon imagination tout ce que
« j'avais découvert. Cela se fait en ramenant les choses à
« leurs causes, et, comme toutes les causes se ramènent à
« une seule, il est évident qu'il n'y a pas besoin de mémoire
« dans les sciences. »

Telles nous apparaissaient la pensée et la science de Descartes à l'âge de vingt-cinq ans. Répétons-le. Il avait accompli l'une des plus grandes découvertes de la science, l'application de l'algèbre à la géométrie, et il avait conçu bon nombre des idées qu'il devait exposer plus tard dans son *Discours de la Méthode*.

De 1621 à 1625, Descartes voyage en Moravie, en Silésie, en Pologne, dans l'Allemagne du Nord, en Hollande, en

---

1. On peut consulter à ce sujet J. MILLET, ouvrage cité, pages 100 et suivantes.
2. *Experimenta, Præambula*.
3. *Olympica*.
4. *Parnassus; Considérations sur les Sciences en général; Quelque chose de l'Algèbre; Democrita*. Il abordait dans ce dernier l'étude de quelques phénomènes physiques, de la lumière en particulier. Les passages qu'on en a recueillis montrent qu'il s'acheminait déjà vers des explications toutes mécanistes.

Belgique, en France et en Italie. Dans cette période néanmoins, il composa deux ouvrages (également perdus), *Thaumantis Regia*, titre de fantaisie (comme quelques-uns de ceux que nous avons cités plus haut), et qu'on pourrait traduire par *Palais des Merveilles*, puis *Studium bonæ Mentis*. D'après l'analyse donnée de ce dernier écrit par le biographe Baillet, qui l'avait vu, c'était comme une ébauche de certaines parties du *Discours de la Méthode*. Ajoutons que, à la même époque, traversant les Alpes pour rentrer d'Italie en France, il avait imaginé une *Explication des Phénomènes de la Foudre* : l'idée lui en avait été suggérée par l'observation des avalanches et par l'analogie qu'il avait cru pouvoir établir entre les principales circonstances de ces deux faits.

De 1625 à 1629, il poursuit ses travaux en géométrie et en optique, et il compose les *Regulæ ad Directionem Ingenii*[1], encore une préparation au *Discours de la Méthode*. Descartes y touche de plus près à la méthode spéciale des mathématiques ; mais il voit très nettement la portée générale, disons plus, universelle, des règles qu'il y trace ; et il y affirme, avec plus de force encore que dans ses essais antérieurs, ce qu'il appelle l'enchaînement des sciences (*catena scientiarum*) : « Or, comme toutes les sciences ensemble, y « disait-il, ne sont rien autre chose que l'intelligence hu- « maine, qui reste une et toujours la même, quelle que soit « la valeur des objets auxquels elle s'applique, sans que « cette variété apporte à sa nature plus de changement que « la diversité des objets n'en apporte à la nature du soleil, « qui les éclaire, il n'est pas nécessaire de circonscrire l'es- « prit humain dans aucune limite... ce qui fait d'abord re- « connaître que toutes les sciences sont tellement liées « ensemble qu'il est plus facile de les apprendre toutes à la « fois que d'en détacher une seule des autres. »

Celui qui trouvait *plus facile* d'apprendre les sciences *toutes à la fois* ne pouvait être qu'un métaphysicien, et des plus grands. Le philosophe devait donc émerger de tous ces travaux : car nous savons, par sa correspondance, que, dès

---

1. L'authenticité de cet ouvrage (publié inachevé dans les Œuvres posthumes) a été contestée par quelques critiques. Elle paraît cependant certaine. Les auteurs de la *Logique de Port-Royal* y ont fait des emprunts et le reconnaissent.

1629, il avait trouvé le fond de ces immortelles *Méditations*, qui ne devaient paraître qu'en 1640. Les preuves qu'il devait donner plus tard sur l'existence de Dieu, par exemple, étaient au moins ébauchées dans son esprit. En 1630, il achève sa *Dioptrique*, où les phénomènes de la lumière sont ramenés à des phénomènes de mouvement; il travaille au traité des *Météores*, dans lequel il trouve la loi de la réfraction. A peu près en même temps, il se livre à des travaux suivis d'anatomie, et cherche des explications mécanistes des phénomènes de la vie. De 1630 à 1633, il travaille à son *Traité du Monde*, dont nous n'avons qu'un abrégé très incomplet et imparfait, mais qui, traitant de la formation de l'univers et des lois de la matière en général, des lois de la vie et même de la pensée, devait être l'ouvrage capital de son auteur. En 1633, Descartes, comme il l'écrit lui-même, avait presque achevé son ouvrage, et il s'apprêtait à le communiquer, quand il connut la condamnation de Galilée. Il prit alors la résolution de ne point publier un travail qui reposait sur la même base que ceux de l'illustre Florentin [1].

Mais enfin, en 1637, il se décide à publier quelques-uns de ses écrits. C'est alors que paraissent ensemble, à Leyde, la *Dioptrique*, les *Météores* et la *Géométrie*, précédés d'une Introduction, dans laquelle Descartes résume ou analyse, en les perfectionnant, le *Studium bonæ Mentis*, les *Regulæ ad Directionem Ingenii*, les matériaux déjà réunis des *Méditations* et les principales idées du *Traité du Monde*. Cette Introduction est le *Discours de la Méthode* [2].

---

[1] « Je confesse, écrit-il (en parlant du système de Galilée), que, s'il est faux, tous les fondements de ma philosophie le sont aussi : car il se démontre par eux évidemment. Et il est tellement lié en toutes les parties de mon Traité, que je ne l'en saurais détacher sans rendre le reste défectueux. Mais comme je ne voudrais pour rien au monde qu'il sortît de moi un discours où il se trouvât le moindre mot qui fût désapprouvé de l'Église, aussi aimé-je mieux le supprimer que de le faire paraître estropié..... Cependant je ne perds pas tout à fait espérance qu'il n'en arrive ainsi que des antipodes, qui avaient été quasi en même sorte condamnés autrefois, et ainsi que mon *Monde* ne puisse voir le jour. »

[2] Le titre exact est : *Discours de la Méthode pour bien conduire sa raison et chercher la vérité dans les sciences, plus la Dioptrique, les Météores et la Géométrie, qui sont des essais de cette méthode.*

II. — Jugement sur la philosophie de Descartes.

Descartes a opéré dans la pensée humaine une révolution : la lecture, soit du *Discours de la Méthode*, soit des *Principes* suffit à nous apprendre la nature, la portée, les bienfaits et aussi les périls de cette révolution.

Elle s'est étendue, on le sait, à la philosophie et à la science, non pas tant par des tentatives séparées portant les unes sur des matières toutes scientifiques et les autres sur des sujets exclusivement philosophiques, que par des conceptions, des principes et une méthode applicables à toutes les manifestations de la pensée humaine dans quelque direction que ce soit.

Si cependant nous établissons, pour plus de clarté, des distinctions empruntées à la langue commune de la philosophie et des sciences, nous dirons tout d'abord que Descartes a posé en principe l'unité de la matière, idée à laquelle est liée indissolublement l'idée de l'unité de la science. La matière est, au fond, la même partout : les phénomènes dont elle est le théâtre ne dépendent point des influences ou interventions innombrables, donc impossibles à calculer et à prévoir, de principes tels que les *formes, vertus, natures* ou *entités* de la scolastique : ils dépendent tous, ils dépendent partout, ils dépendent toujours de la nature même de la matière et d'un petit nombre de lois : qui a saisi sur un point

---

Voici le commentaire de ce titre, dans une lettre de Descartes au P. Mersenne :

« Je ne mets pas, dit-il, *Traité de la Méthode*, mais *Discours
« de la Méthode*, ce qui est le même que *Préface* ou *Avis tou-
« chant la Méthode*, pour montrer que je n'ai pas dessein de l'en-
« seigner, mais seulement d'*en parler* : car, comme on peut voir
« de ce que j'en dis, elle consiste *plus en pratique* qu'en théorie ;
« et je nomme les Traités suivants des *Essais de cette Méthode,
« pour ce que je prétends que les choses qu'ils contiennent
« n'ont pu être trouvées sans elle, et qu'on peut connaitre par
« eux ce qu'elle vaut. Comme aussi, j'ai inséré quelque chose
« de métaphysique, de physique et de médecine dans le pre-
« mier discours, pour montrer qu'elle s'étend à toutes sortes
« de matières.* »

On trouvera l'analyse résumée de ce *Discours* dans l'édition que nous en avons publiée.

l'action de l'une de ces lois peut être sûr de la portée infinie de sa découverte dans l'espace et dans le temps. Les travaux de Kepler et de Galilée n'ont certainement pas été inutiles au succès de cette théorie. Mais c'est Descartes qui l'a formulée, développée et fixée.

Cette matière, disons-nous, Descartes nous la montre soumise partout et toujours aux mêmes lois. Mais quelles sont ces lois ? Celles de la mécanique. Une matière étendue et divisible, soumise aux lois du mouvement, voilà, en effet, tout l'univers : « Les règles des mécaniques sont les mêmes que celles de la nature. » Comment cela est-il prouvé ? Par cette considération que la matière ne se donne point à elle-même le mouvement, qu'elle ne peut pas non plus l'arrêter ou le modifier d'elle-même, qu'il suffit donc de connaître une fois pour toutes les lois fondamentales du mouvement qu'elle subit, pour posséder les règles et les conditions auxquelles nulle portion de matière, si grande ou si petite qu'elle soit, ne saurait être soustraite.

Et qu'est-ce que nous donne une telle simplification ? L'ampleur et l'unité de la science théorique d'abord ; mais de plus la confiance illimitée — et d'ailleurs chaque jour justifiée et encouragée par la pratique — dans les applications de ces lois : puisque les forces de la matière et les métiers de nos artisans se comportent, pour ainsi dire, de même, celles-là sont à notre service aussi bien que ceux-ci, grâce à la connaissance que nous prenons du commun secret de leur puissance et de leur action.

Dans l'ordre plus spécialement philosophique, Descartes a inauguré le règne souverain de l'évidence ou des idées claires et distinctes. C'est dans cet esprit que déjà il s'était refusé à attribuer à la matière autre chose que ce qu'il y voyait clairement et y concevait distinctement.

Comment ensuite il a réfuté définitivement le scepticisme en montrant que le doute même sert à établir notre pensée, notre existence, notre imperfection, notre dépendance, et ainsi de suite, comment il a mis hors de toute atteinte l'existence de l'âme spirituelle et l'existence de Dieu, c'est ce que tout cours de philosophie met assez en évidence, pour que nous puissions nous dispenser ici d'insister.

Mais ces deux ordres de vérités dépendent également de certaines conceptions qui les dominent, et ces conceptions les voici :

Tout provient, tout découle des perfections de Dieu et y reste soumis : *dans le monde physique d'abord*, car ce monde ne peut subsister que par la constante volonté de Dieu ; il ne peut rien ajouter, rien retrancher, rien changer à ce qu'il tient de Dieu : et voilà pourquoi les lois auxquelles il obéit sont si simples, à ce point que la tendance initiale de toute matière à se mouvoir en ligne droite dans le plein suffit à expliquer tout le système de l'univers ; — dans le monde moral ensuite, car Dieu est le principe des principes, sans lequel il n'y aurait plus aucune certitude, et les vérités nécessaires sont autant de lois qu'il a établies *comme un roi les établit dans son royaume*.

Si tout est ainsi dans l'étroite dépendance d'un être parfait, dont les voies sont aussi simples que fécondes, il faut nécessairement que tout se tienne et s'entresuive. Il n'y a rien de si caché que l'esprit de l'homme ne puisse découvrir un jour ou l'autre, pourvu qu'il aille par ordre d'idées claires en idées claires. Si donc notre doute, en nous montrant notre imperfection, nous montre notre dépendance, il marque aussi que cette dépendance nous rattache à un être parfait, qui ne peut pas nous tromper, dont la puissance, la sagesse et la bonté nous livrent en quelque sorte un monde parfaitement lié et ordonné ; la seule idée que nous avons de l'auteur suffit donc à nous donner prise sur l'ouvrage pour agir sur lui et en tirer une infinité de services, non moins que pour le connaître.

Telle est l'unité de ce puissant système ; dans ses lignes essentielles, il est devenu le système universel de la pensée moderne.

Mais la pensée de Descartes, dans les formes qu'elle a revêtues, n'a pas échappé à tout excès : notons d'abord les excès de cette réduction des lois de la matière au mécanisme, contre lesquels il importe de connaître les protestations si justes de Leibniz. Autre chose est le mouvement, autre chose est la force qui le donne ; et, bien que la force elle-même, dans les êtres de la nature, soit un don du Créateur, il faut reconnaître néanmoins que si tout se réduisait à des mouvements sans cesse communiqués par Dieu, dans une création toujours continuée et renouvelée, la nature perdrait toute réalité distincte. Aussi a-t-il suffi à Spinoza d'outrer la pensée cartésienne pour aboutir au panthéisme.

Dans la science de l'homme, Descartes a voulu aussi tout

simplifier ; il a simplifié à outrance. Tout l'être humain s'est réduit avec lui à la pensée, si bien que la sensibilité, divisée en deux parties, revenant l'une au mécanisme de la vie, l'autre à la suite des idées intellectuelles, a perdu à peu près son existence propre, que la liberté n'a plus été que l'état idéal du sage, que le libre arbitre a été affirmé, mais est demeuré inexpliqué, pour ne pas dire inexplicable ; enfin que la morale elle-même a été ramenée tout entière au devoir de bien penser ou de chercher des idées claires et distinctes qui préservent, seules et par leur propre vertu, de toute défaillance et de tout péché.

En résumé, tout construire avec des idées claires, puis bien ordonnées et bien suivies, mais croire que cela suffit pour retrouver à part soi, sans demander à l'expérience autre chose que des vérifications trop sommaires et trop vite arrêtées, non seulement l'ordre réel, mais l'ordre complet de la nature, voilà l'excès de la pensée de Descartes, et voilà la cause de ses erreurs.

III. — Les « Principes de la philosophie ».

Les *Principes de la Philosophie* parurent d'abord à Amsterdam, en latin, l'an 1644. Picot en publia plus tard (1647) une traduction française, que Descartes revit, approuva et même recommanda, comme on le verra dans sa Préface.

Cet ouvrage peut être considéré comme une récapitulation des Méditations et une réponse aux Objections. Descartes rappelle lui-même quelques passages de ces réponses ; mais il y ajoute de nombreuses théories de physique. Les *Principes* sont donc un ouvrage qui, dans la pensée de leur auteur, devait être une sorte de résumé classique de sa philosophie, de sa cosmologie et de sa physique générale.

La première partie traite des *Principes de la Connaissance humaine ;* c'est celle qu'on va lire et étudier.

La deuxième partie traite des *Principes des Choses matérielles ;* les théories métaphysiques et les théories scientifiques s'y succèdent, ou, pour mieux dire, s'y mêlent constamment les unes aux autres. On y trouve des considérations sur la nature de l'espace, sur la grandeur, sur l'indéfini, puis sur la raréfaction, sur la chaleur, etc. C'est là aussi que Descartes énonce et explique les trois grandes lois du mouvement, dont il est question dans la cinquième partie du *Discours de la Méthode*.

La troisième partie traite du *Monde visible*; Descartes commence par déclarer téméraire, en physique du moins, la recherche des causes finales, puis il explique la nature de la lumière, les mouvements des planètes en général, le mouvement de la terre autour du soleil, le système des tourbillons, enfin la cause générale de toutes les variétés qu'on remarque aux mouvements des astres.

La quatrième partie traite de *la Terre*; il est à remarquer que c'est dans cette quatrième partie, et sous ce titre donné par lui-même, que Descartes, après avoir disserté sur l'eau, l'air, le feu, les métaux, la poudre à canon, les aimants, traite des *Sens* et des rapports de l'âme et *du cerveau*. Et voici comment il établit un lien entre ces deux portions du quatrième livre. Il ne veut pas, dit-il, n'avoir considéré la terre que comme un ensemble de figures et de mouvements : il veut parler aussi des choses *que les sens nous y font paraître*, c'est-à-dire des couleurs, des odeurs, des sons et autres qualités sensibles.

Henri JOLY.

LETTRE DE L'AUTEUR

A CELUI QUI A TRADUIT LE LIVRE

LAQUELLE PEUT LUI SERVIR DE PRÉFACE.

Monsieur,

La version que vous avez pris la peine de faire de mes principes est si nette et si accomplie, qu'elle me fait espérer qu'ils seront lus par plus de personnes en français qu'en latin, et qu'ils seront mieux entendus. J'appréhende seulement que le titre n'en rebute plusieurs qui n'ont point été nourris aux lettres, ou bien qui ont mauvaise opinion de la philosophie, à cause que celle qu'on leur a enseignée ne les a pas contentés; et cela me fait croire qu'il serait bon d'y ajouter une préface qui leur déclarât quel est le sujet du livre, quel dessein j'ai eu en l'écrivant, et quelle utilité l'on en peut tirer. Mais, encore que ce dût être à moi à faire cette préface, à cause que je dois savoir ces choses-là mieux qu'aucun autre, je ne puis néanmoins rien obtenir de moi autre chose sinon que je mettrai ici en abrégé les principaux points qui me semblent y devoir être traités; et je laisse à votre discrétion d'en faire telle part au public que vous jugerez être à propos.

J'aurais voulu premièrement y expliquer ce que c'est que la philosophie, en commençant par les choses les plus vulgaires, comme sont : que ce mot de *philosophie* signifie l'étude de la sagesse, et que par la sagesse on n'entend pas seulement la prudence dans les *affaires*, mais une parfaite connaissance de toutes les choses que l'homme peut savoir, tant pour la conduite de sa vie que pour la conservation de sa santé et l'invention de tous les arts, et qu'afin que cette connaissance soit telle, il est nécessaire qu'elle soit déduite des premières causes : en sorte que pour étudier à l'acquérir, ce qui se nomme proprement philosopher, il faut commencer par la recherche de ces premières causes, c'est-à-dire des principes, et que ces principes doivent avoir deux conditions : l'une, qu'ils soient si clairs et si évidents que l'esprit humain ne puisse douter de leur vérité, lorsqu'il s'applique avec attention à les considérer; l'autre, que ce soit d'eux que dépende la connaissance des autres choses, en sorte qu'ils puissent être connus sans elles, mais non pas réciproquement elles sans eux; et qu'après cela il faut tâcher de déduire tellement de ces principes la connaissance des choses qui en dépendent, qu'il n'y ait rien en toute la suite des déductions qu'on en fait qui ne soit très manifeste. Il n'y a véritablement que Dieu seul qui soit parfaitement sage, c'est-à-dire qui ait l'entière connaissance de la vérité de toutes choses ; mais on peut dire que les hommes ont plus ou moins de sagesse à proportion qu'ils ont plus ou moins de connaissance des vérités plus importantes. Et je crois qu'il n'y a rien en ceci dont tous les doctes ne demeurent d'accord.

J'aurais ensuite fait considérer l'utilité de cette philosophie, et montré que, puisqu'elle s'étend à tout ce que l'esprit humain peut savoir, on doit croire que c'est elle seule qui nous distingue des plus sauvages et barbares, et que chaque nation est d'autant plus civilisée et polie que les hommes y philosophent mieux ; et ainsi que c'est le plus grand bien qui puisse être dans un État d'avoir de vrais philosophes.

Et outre cela que, pour chaque homme en particulier, il n'est pas seulement utile de vivre avec ceux qui s'appliquent à cette étude, mais qu'il est incomparablement meilleur de s'y appliquer soi-même ; comme, sans doute, il vaut beaucoup mieux se servir de ses propres yeux pour se conduire, et jouir par le même moyen de la beauté des couleurs et de la lumière, que non pas de les avoir fermés et suivre la conduite d'un autre, mais ce dernier est encore meilleur que de les tenir fermés et n'avoir que soi pour se conduire. Or, c'est proprement avoir les yeux fermés, sans tâcher jamais de les ouvrir, que de vivre sans philosopher ; et le plaisir de voir toutes les choses que notre vue découvre n'est point comparable à la satisfaction que donne la connaissance de celles qu'on trouve par la philosophie ; et, enfin, cette étude est plus nécessaire pour régler nos mœurs et nous conduire en cette vie, que n'est l'usage de nos yeux pour guider nos pas. Les bêtes brutes, qui n'ont que leur corps à conserver, s'occupent continuellement à chercher de quoi le nourrir ; mais les hommes, dont la principale partie est l'esprit, devraient employer leurs principaux soins à la recherche de la sagesse, qui en est la vraie nourriture ; et je m'assure ainsi qu'il y en a plusieurs qui n'y manqueraient pas, s'ils avaient espérance d'y réussir, et qu'ils sussent combien ils en sont capables. Il n'y a point d'âme tant soit peu noble qui demeure si fort attachée aux objets des sens qu'elle ne s'en détourne quelquefois pour souhaiter quelque autre plus grand bien nonobstant qu'elle ignore souvent en quoi il consiste. Ceux que la fortune favorise le plus, qui ont abondance de santé, d'honneurs, de richesses, ne sont pas plus exempts de ce désir que les autres ; au contraire, il me persuade que ce sont eux qui soupirent avec le plus d'ardeur après un autre bien, plus souverain que tous ceux qu'ils possèdent. Or, ce souverain bien, considéré par la raison naturelle sans la lumière de la foi, n'est autre chose que la connaissance de la vérité par ses premières causes, c'est-à-dire la sagesse, dont la philosophie est l'étude. Et, parce que toutes ces choses sont entièrement vraies, elles ne seraient pas difficiles à persuader si elles étaient bien déduites.

Mais d'autant qu'on est empêché de les croire, à cause de l'expérience qui montre que ceux qui font profession d'être philosophes sont souvent moins sages et moins raisonnables que d'autres qui ne se sont jamais appliqués à cette étude, j'aurais ici sommairement expliqué en quoi consiste toute la science qu'on a maintenant, et quels sont les degrés de sagesse auxquels on est parvenu. Le premier ne contient que des notions qui sont si claires d'elles-mêmes qu'on les peut acquérir sans méditations ; le second comprend tout ce que l'expérience des sens fait connaître ; le troisième, ce que la conversation des autres hommes nous enseigne ; à quoi l'on peut ajouter pour le quatrième, la lecture, non de tous les livres, mais particulièrement de ceux qui ont été écrits par des personnes capables de nous donner de bonnes instructions : car c'est une espèce de conversation que nous avons avec leurs auteurs. Et il me semble que toute la sagesse qu'on a coutume d'avoir n'est acquise que par ces quatre moyens : car je ne mets point ici en rang la révélation divine, parce qu'elle ne nous conduit pas par degrés, mais nous élève tout d'un coup à une croyance infaillible.

Or, il y a eu de tout temps de grands hommes qui ont tâché de trouver un cinquième degré pour parvenir à la sagesse, incomparablement plus haut et plus assuré que les quatre autres : c'est de chercher les premières causes et les vrais principes dont on puisse déduire les raisons de tout ce qu'on est capable de savoir ; et ce sont particulièrement ceux qui ont travaillé à cela qu'on a nommés philosophes. Toutefois je ne sache point qu'il y en ait eu jusqu'à présent à qui ce dessein ait réussi. Les premiers et les principaux dont nous ayons les écrits sont Platon et Aristote, entre lesquels il n'y a eu autre différence sinon que le premier, suivant les traces de son maître Socrate, a ingénument confessé qu'il n'avait encore rien pu trouver de certain, et s'est contenté d'écrire les choses qui lui ont semblé être vraisemblables, imaginant à cet effet quelques principes par lesquels il tâchait de rendre raison des autres choses ; au lieu qu'Aristote a eu moins de franchise ; et, bien qu'il eût été vingt ans son disciple, et qu'il n'eût point d'autres principes que les siens, il a entièrement changé la façon de les débiter, et les a proposés comme vrais et assurés, quoiqu'il n'y ait aucune apparence qu'il les ait jamais estimés tels. Or, ces deux hommes avaient beaucoup d'esprit et beaucoup de la sagesse qui s'acquiert par les quatre moyens précédents, ce qui leur donnait beaucoup d'autorité : en sorte que ceux qui vinrent après eux s'arrêtèrent plus à suivre leurs opinions qu'à chercher quelque chose de meilleur, et la principale dispute que leurs disciples eurent entre eux fut pour savoir si on devait mettre toutes choses en doute, ou bien s'il y en avait quelques-unes qui fussent certaines, ce qui les porta de part et d'autre à des erreurs extravagantes : car quelques-unes de ceux qui étaient pour le doute l'étendaient même jusqu'aux actions de la vie, en sorte qu'ils négligeaient d'user de prudence pour se conduire ; et ceux qui maintenaient la certitude, supposant qu'elle devait dépendre des sens, se fiaient entièrement à eux, jusque-là qu'on dit qu'Épicure osait assurer, contre tous les raisonnements des astronomes, que le soleil n'est pas plus grand qu'il paraît.

C'est un défaut qu'on peut remarquer en la plupart des disputes, que, la vérité étant moyenne entre les deux opinions qu'on soutient, chacun s'en éloigne d'autant plus qu'il a plus d'affection à contredire. Mais l'erreur de ceux qui penchaient trop du côté du doute ne fut pas longtemps suivie, et celle des autres a été quelque peu corrigée, en ce qu'on a reconnu que les sens nous trompent en beaucoup de choses. Toutefois je ne sache point qu'on l'ait entièrement ôtée en faisant voir que la certitude n'est pas dans le sens, mais dans l'entendement seul lorsqu'il a des perceptions évidentes; et que, pendant qu'on n'a que les connaissances qui s'acquièrent par les quatre premiers degrés de sagesse, on ne doit pas douter des choses qui semblent vraies en ce qui regarde la conduite de la vie, mais qu'on ne doit pas ainsi les estimer si certaines qu'on ne puisse changer d'avis lorsqu'on y est obligé par l'évidence de quelque raison.

Faute d'avoir connu cette vérité, ou bien, s'il y en a qui l'ont connue, faute de s'en être servis, la plupart de ceux de ces derniers siècles qui ont voulu être philosophes ont suivi aveuglément Aristote, en sorte qu'ils ont souvent corrompu le sens de ses écrits, en lui attribuant diverses opinions qu'il ne reconnaîtrait pas être siennes s'il revenait en ce monde; et ceux qui ne l'ont pas suivi, du nombre desquels ont été plusieurs des meilleurs esprits, n'ont pas laissé d'avoir été imbus de ses opinions en leur jeunesse, parce que ce sont les seules qu'on enseigne dans les écoles : ce qui les a tellement préoccupés qu'ils n'ont pu parvenir à la connaissance des vrais principes. Et, bien que je les estime tous, et que je ne veuille pas me rendre odieux en les reprenant, je puis donner une preuve de mon dire (que je ne crois pas qu'aucun d'eux désavoue), qui est qu'ils ont tous supposé pour principe quelque chose qu'ils n'ont point parfaitement connue. Par exemple, je n'en sache aucun qui n'ait supposé la pesanteur dans les corps terrestres ; mais, encore que l'expérience nous montre bien clairement que les corps qu'on nomme pesants descendent vers le centre de la terre, nous ne connaissons point pour cela quelle est la nature de ce qu'on nomme pesanteur, c'est-à-dire de la cause ou du principe qui les fait ainsi descendre, et nous le devons apprendre d'ailleurs. On peut dire le même du vide et des atomes, comme aussi du chaud et du froid, du sec et de l'humide, et du sel, du soufre et du mercure, et de toutes les choses semblables que quelques-uns ont supposées pour leurs principes. Or, toutes les conclusions que l'on déduit d'un principe qui n'est point évident ne peuvent pas être évidentes, quand bien même elles en seraient déduites évidemment : d'où il suit que tous les raisonnements qu'ils ont appuyés sur de tels principes n'ont pu leur donner la connaissance certaine d'aucune chose, ni par conséquent les faire avancer d'un pas en la recherche de la sagesse. Et s'ils ont trouvé quelque chose de vrai ce n'a été que par quelques-uns des quatre moyens ci-dessus déduits. Toutefois je ne veux rien diminuer de l'honneur que chacun d'eux peut prétendre ; je suis seulement obligé de dire, pour la consolation de ceux qui n'ont point étudié, que tout de même qu'en voyageant, pendant qu'on tourne le dos au lieu où l'on veut aller, on s'en éloigne d'autant plus qu'on marche plus longtemps et plus vite, en sorte que, bien qu'on soit mis par après dans le droit chemin, on ne peut pas y arriver sitôt que si on n'avait point marché auparavant : ainsi, lorsqu'on a de mauvais principes, d'autant qu'on les cultive davantage et qu'on s'applique avec plus de soin à en tirer diverses conséquences, pensant que ce soit bien philosopher, d'autant s'éloigne-t-on davantage de la connaissance de la vérité et de la sagesse : d'où il faut conclure que ceux qui ont le moins appris de tout ce qui a été nommé jusqu'ici philosophie sont les plus capables d'apprendre la vraie.

Après avoir bien fait entendre ces choses, j'aurais voulu mettre ici les raisons qui servent à prouver que les vrais principes par lesquels on peut parvenir à ce plus haut degré de sagesse, auquel consiste le souverain bien de la vie humaine, sont ceux que j'ai mis en ce livre ; et deux seules sont suffisantes à cela, dont la première est qu'ils sont très clairs ; et la seconde, qu'on en peut déduire toutes les autres choses : car il n'y a que ces deux conditions qui soient requises en eux. Or, je prouve aisément qu'ils sont très clairs : premièrement par la façon dont je les ai trouvés, à savoir en rejetant toutes les choses auxquelles je pouvais rencontrer la moindre occasion de douter : car il est certain que celles qui n'ont pu en cette façon être rejetées, lorsqu'on s'est appliqué à les considérer, sont les plus évidentes et les plus claires que l'esprit humain puisse connaître. Ainsi, en considérant que celui qui veut douter de tout ne peut toutefois douter qu'il ne soit pendant qu'il doute, et que ce qui raisonne ainsi, en ne pouvant douter de soi-même et doutant néanmoins de tout le reste, n'est pas ce que nous disons être notre corps, mais ce que nous appelons notre âme ou notre pensée, j'ai pris l'être ou l'existence de cette pensée pour le premier principe, duquel j'ai déduit très clairement les suivants, à savoir qu'il y a un Dieu qui est auteur de tout ce qui est au monde, et qui, étant la source de toute vérité, n'a point créé notre entendement de telle nature qu'il se puisse tromper au jugement qu'il fait des choses dont il a une perception fort claire et fort distincte. Ce sont là tous les principes dont je me sers touchant les choses immatérielles ou métaphysiques, desquels je déduis très clairement ces deux choses corporelles ou physiques, à savoir qu'il y a des corps étendus en longueur, largeur et profondeur, qui ont diverses figures et se meuvent en diverses façons. Voilà, en somme, tous les principes dont je déduis la vérité des autres choses. L'autre raison qui prouve la clarté de ces principes est qu'ils ont été connus de tout temps, et même reçus pour vrais et indubitables par tous les hommes, excepté seulement l'existence de Dieu, qui a été mise en doute par quelques-uns à cause qu'ils ont trop attribué aux perceptions des sens, et que Dieu ne peut être vu ni touché.

Mais, encore que toutes les vérités que je mets entre mes principes aient été connues de tout temps de tout le monde, il n'y a toutefois personne jusqu'à présent, que je sache, qui les ait reconnues pour les principes de la philosophie, c'est-à-dire pour telles qu'on en peut déduire la connaissance de toutes les autres choses qui sont au monde : c'est pourquoi il me reste ici à prouver qu'elles sont telles : et il me semble ne le pouvoir mieux prouver qu'en le faisant voir par expérience, c'est-à-dire en conviant les lecteurs à lire ce livre. Car, encore que je n'aie pas traité de toutes choses, et que cela soit impossible, je pense avoir tellement expliqué toutes celles dont j'ai eu occasion de traiter, que ceux qui les liront avec attention auront sujet de se persuader qu'il n'est pas besoin de chercher d'autres principes que ceux que j'ai donnés pour parvenir à toutes les plus hautes connaissances dont l'esprit humain soit capable ; principalement si après avoir lu nos écrits ils prennent la peine de considérer combien de diverses questions y sont expliquées, et que, parcourant ainsi ceux des autres, ils voient combien peu de raisons vraisemblables on a pu donner pour expliquer les mêmes questions par des principes différents des miens. Et, afin qu'ils entreprennent cela plus aisément, j'aurais pu leur dire que ceux qui sont imbus de mes opinions ont beaucoup moins de peine à entendre les écrits des autres et à en connaître la juste valeur que ceux qui n'en soient point imbus ; tout au contraire de ce que j'ai tantôt dit de ceux qui ont commencé par l'ancienne philosophie, que d'autant qu'ils ont plus étudié, d'autant ils ont coutume d'être moins propres à bien apprendre la vraie.

J'aurais aussi ajouté un mot d'avis touchant la façon de lire ce livre, qui est que je voudrais qu'on le parcourût d'abord tout entier ainsi qu'un roman, sans forcer beaucoup son attention ni s'arrêter aux difficultés qu'on y peut rencontrer, afin seulement de savoir en gros quelles sont les matières dont j'ai traité ; et qu'après cela, si on trouve qu'elles méritent d'être examinées et qu'on ait la curiosité d'en connaître les causes, on le pût lire une seconde fois pour remarquer la suite de mes raisons ; mais qu'il ne se faut pas derechef rebuter si on ne la peut assez connaître partout, ou qu'on ne les entende pas toutes, il faut seulement marquer d'un trait de plume les lieux où l'on trouvera de la difficulté et continuer de lire sans interruption jusqu'à la fin ; puis, si on reprend le livre pour la troisième fois, j'ose croire qu'on y trouvera la solution de la plupart des difficultés qu'on aura marquées auparavant ; et que s'il en reste encore quelques-unes, on en trouvera enfin la solution en relisant.

J'ai pris garde, en examinant le naturel de plusieurs esprits, qu'il n'y en a presque point de si grossiers ni de si tardifs qu'ils ne fussent capables d'entrer dans les bons sentiments et même d'acquérir toutes les plus hautes sciences s'ils étaient conduits comme il faut. Et cela peut ainsi être prouvé par raison : car, puisque les principes sont clairs et qu'on n'en doit rien déduire que par des raisonnements très évidents, on a toujours assez d'esprit pour entendre les choses qui en dépendent. Mais outre l'empêchement des préjugés, dont aucun n'est entièrement exempt, bien que ce sont ceux qui ont le plus étudié les mauvaises sciences auxquels ils nuisent le plus, il arrive presque toujours que ceux qui ont l'esprit modéré, négligent d'étudier, parce qu'ils n'en peuvent pas être capables, et que les autres qui sont plus ardents se hâtent trop : d'où vient qu'ils reçoivent souvent des principes qui ne sont pas évidents, et qu'ils en tirent des conséquences incertaines. C'est pourquoi je voudrais assurer ceux qui se défient trop de leurs forces qu'il n'y a aucune chose en mes écrits qu'ils ne puissent entièrement entendre s'ils prennent la peine de les examiner, et néanmoins, aussi avertir les autres, que même les plus excellents esprits auront besoin de beaucoup de temps et d'attention pour remarquer toutes les choses que j'ai eu dessein d'y comprendre.

En suite de quoi, pour bien concevoir quel dessein j'ai eu en les publiant, je voudrais ici expliquer l'ordre qu'il me semble qu'on doit tenir pour s'instruire.

Premièrement, un homme qui n'a encore que la connaissance vulgaire et imparfaite que l'on peut acquérir par les quatre moyens ci-dessus expliqués doit, avant toutes choses, tâcher de se former une morale qui puisse suffire pour régler les conditions de sa vie, à cause que cela ne souffre point de délai, et que nous devons surtout tâcher de bien vivre. Après cela, il doit aussi étudier la logique, non pas celle de l'école, car elle n'est, à proprement parler, qu'une dialectique qui enseigne les moyens de faire entendre à autrui les choses qu'on sait, ou même aussi de dire sans jugement plusieurs paroles touchant celles qu'on ne sait pas, et ainsi elle corrompt le bon sens plutôt qu'elle ne l'augmente ; mais celle qui apprend à bien conduire sa raison pour découvrir les vérités qu'on ignore ; et, parce qu'elle dépend beaucoup de l'usage, il est bon qu'il s'exerce longtemps à en pratiquer les règles touchant des questions faciles et simples, comme sont celles des mathématiques. Puis, lorsqu'il s'est acquis quelque habitude à trouver la vérité en ces questions, il doit commencer tout de bon à s'appliquer à la vraie philosophie, dont la première partie est la métaphysique, qui contient les principes de la connaissance, entre lesquels est l'application des principaux attributs de Dieu, de l'immatérialité de nos âmes, et de toutes les notions claires et simples qui sont en nous ; la seconde est la physique, en laquelle, après avoir trouvé les vrais principes des choses matérielles, on examine en général comment tout l'univers est composé ; puis en particulier quelle est la nature de cette terre et de tous les corps qui se trouvent le plus communément autour d'elle, comme de l'air, de l'eau, du feu, de l'aimant et des autres minéraux. En suite de quoi il est besoin aussi d'examiner en particulier la nature des plantes, celle des animaux, et surtout celle de l'homme ; afin qu'on soit capable par après de trouver les autres sciences qui lui sont utiles. Ainsi toute la philosophie est comme un arbre, dont les racines sont la métaphysique, le tronc est la physique, et les branches qui sortent de ce tronc sont toutes les autres sciences, qui se réduisent à trois principales, à savoir la médecine, la mécanique et la morale ; j'entends la plus haute et la plus parfaite morale, qui, présupposant une entière connaissance des autres sciences, est le dernier degré de la sagesse.

Or, comme ce n'est pas des racines ni du tronc des arbres qu'on cueille les fruits, mais seulement des extrémités de leurs branches, ainsi la principale utilité de la philosophie dépend de celles de ses parties qu'on ne peut apprendre que les dernières. Mais, bien que je les ignore presque toutes, le zèle que j'ai toujours eu pour tâcher de rendre service au public est cause que je fis imprimer, il y a dix ou douze ans, quelques essais des choses qu'il me semblait avoir apprises. La première partie de ces essais fut un discours touchant la méthode pour bien conduire sa raison et chercher la vérité dans les sciences, où je mis sommairement les principales règles de la logique et d'une morale imparfaite, qu'on peut suivre par provision pendant qu'on n'en sait point encore de meilleure. Les autres parties furent trois traités : l'un de la *Dioptrique*, l'autre des *Météores*, et le dernier de la *Géométrie*. Par la Dioptrique, j'eus dessein de faire voir qu'on pouvait aller assez avant en la philosophie pour arriver par son moyen jusqu'à la connaissance des arts qui sont utiles à la vie, à cause que l'invention des lunettes d'approche, que j'y expliquais, est l'une des plus difficiles qui aient jamais été cherchées.

Par les Météores, je désirai qu'on reconnût la différence qui est entre la philosophie que je cultive et celle qu'on enseigne dans les écoles où l'on a coutume de traiter de la même matière. Enfin, par la Géométrie, je prétendais démontrer que j'avais trouvé plusieurs choses qui ont été ci-devant ignorées, et ainsi donner occasion de croire qu'on en peut découvrir encore plusieurs autres, afin d'inciter par ce moyen tous les hommes à la recherche de la vérité. Depuis ce temps-là, prévoyant la difficulté que plusieurs auraient à concevoir les fondements de la métaphysique, j'ai tâché d'en expliquer les principaux points dans un livre de Méditations qui n'est pas bien grand, mais dont le volume a été grossi et la matière beaucoup éclaircie par les objections que plusieurs personnes très doctes m'ont envoyées à leur sujet, et par des réponses que je leur ai faites. Puis, enfin, lorsqu'il m'a semblé que ces traités précédents avaient assez préparé l'esprit des lecteurs à recevoir les *Principes de la philosophie*, je les ai aussi publiés; et j'en ai divisé le livre en quatre parties, dont la première contient les principes de la connaissance, qui est ce qu'on peut nommer la première philosophie ou bien la métaphysique : c'est pourquoi, afin de la bien entendre, il est à propos de lire auparavant les Méditations que j'ai écrites sur le même sujet. Les trois autres parties contiennent tout ce qu'il y a de plus général en la physique, à savoir l'explication des premières lois ou des principes de la nature, et la façon dont les cieux, les étoiles fixes, les planètes, les comètes, et généralement tout l'univers est composé; puis, en particulier, la nature de cette terre, et de l'air, de l'eau, du feu, de l'aimant, qui sont les corps qu'on peut trouver le plus communément partout autour d'elle, et de toutes les qualités qu'on remarque en ces corps, comme sont la lumière, la chaleur, la pesanteur, et semblables : au moyen de quoi je pense avoir commencé à expliquer toute la philosophie par ordre, sans avoir omis aucune des choses qui doivent précéder les dernières dont j'ai écrit.

Mais, afin de conduire ce dessein jusqu'à sa fin, je devrais ci-après expliquer en même façon la nature de chacun des autres corps plus particuliers qui sont sur la terre, à savoir des minéraux, des plantes, des animaux, et principalement de l'homme; puis enfin traiter exactement de la médecine, de la morale, et des mécaniques. C'est ce qu'il faudrait que je fisse pour donner aux hommes un corps de philosophie tout entier; et je ne me sens pas encore si vieil, je ne me défie point tant de mes forces, je ne me trouve pas si éloigné de la connaissance de ce qui reste, que je n'osasse entreprendre d'achever ce dessein si j'avais la commodité de faire toutes les expériences dont j'aurais besoin pour achever et justifier mes raisonnements. Mais, voyant qu'il faudrait pour cela de grandes dépenses auxquelles un particulier comme moi ne saurait suffire s'il n'était aidé par le public, et ne voyant pas que je doive attendre cette aide, je crois devoir dorénavant me contenter d'étudier pour mon instruction particulière, et que la postérité m'excusera si je manque à travailler désormais pour elle.

Cependant, afin qu'on puisse voir en quoi je pense lui avoir déjà servi, je dirai ici quels sont les fruits que je me persuade qu'on peut tirer de mes Principes. Le premier est la satisfaction qu'on aura d'y trouver plusieurs vérités qui ont été ci-devant ignorées : car, bien que souvent la vérité ne touche pas tant notre imagination que font les faussetés et les feintes, à cause qu'elle paraît moins admirable et plus simple, toutefois le contentement qu'elle donne est toujours plus durable et plus solide. Le second fruit est qu'en étudiant ces Principes on s'accoutumera peu à peu à mieux juger toutes les choses qui se rencontrent, et ainsi à être plus sage : en quoi ils auront un effet tout contraire à celui de la philosophie commune : car on peut aisément remarquer en ceux qu'on appelle pédants, qu'elle les rend moins capables de raison qu'ils ne seraient s'ils ne l'avaient jamais apprise. Le troisième est que les vérités qu'ils contiennent, étant très claires et très certaines, ôteront tous sujets de dispute, et ainsi disposeront les esprits à la douceur et à la concorde ; tout au contraire des controverses de l'école, qui, rendant insensiblement ceux qui les apprennent plus pointilleux et plus opiniâtres, sont peut-être la première cause des hérésies et des dissensions qui travaillent maintenant le monde. Le dernier et le principal fruit de ces Principes est qu'on pourra, en les cultivant, découvrir plusieurs vérités que je n'ai point expliquées ; et ainsi, passant peu à peu des unes aux autres, acquérir avec le temps une parfaite connaissance de toute la philosophie et monter au plus haut degré de la sagesse. Car, comme on voit en tous les arts que, bien qu'ils soient au commencement rudes et imparfaits, toutefois, à cause qu'ils contiennent quelque chose de vrai, et dont l'expérience montre l'effet, ils se perfectionnent peu à peu par l'usage, ainsi, lorsqu'on a de vrais principes en philosophie, on ne peut manquer en les suivant de rencontrer parfois d'autres vérités ; et on ne saurait mieux prouver la fausseté de ceux d'Aristote, qu'en disant qu'on n'a su faire aucun progrès par leur moyen depuis plusieurs siècles qu'on les a suivis.

Je sais bien qu'il y a des esprits qui se hâtent tant et qui usent de si peu de circonspection en ce qu'ils font, que, même ayant des fondements bien solides, ils ne sauraient rien bâtir d'assuré ; et, parce que ce sont d'ordinaire ceux-là qui sont les plus prompts à faire des livres, ils pourraient en peu de temps gâter tout ce que j'ai fait, et introduire l'incertitude et le doute en ma façon de philosopher, d'où j'ai soigneusement tâché de les bannir, si on recevait leurs écrits comme miens ou comme remplis de mes opinions. J'en ai vu depuis peu l'expérience en l'un de ceux[1] qu'on a le plus cru me vouloir suivre, et même duquel j'avais écrit en quelque endroit que je m'assurais tant sur son esprit que je ne croyais pas qu'il eût aucune opinion que je ne voulusse bien avouer pour mienne : car il publia l'année passée un livre, intitulé : *Fundamenta Physicæ*, où, encore qu'il semble n'avoir rien mis touchant la physique et la médecine qu'il n'ait tiré de mes écrits, tant de ceux que j'ai publiés que d'un autre encore imparfait touchant la nature des animaux, qui lui est tombé entre les mains, toutefois, à cause qu'il a mal transcrit et changé l'ordre, et nié quelques

---

1. Henri Leroy.

vérités de métaphysique sur qui toute la physique doit être appuyée, je suis obligé de le désavouer entièrement, et de prier ici les lecteurs qu'ils ne m'attribuent jamais aucune opinion s'ils ne la trouvent expressément en mes écrits, et qu'ils n'en reçoivent aucune pour vraie, ni dans mes écrits ni ailleurs, s'ils ne la voient très clairement être déduite des vrais principes.

Je sais bien aussi qu'il pourra se passer plusieurs siècles avant qu'on ait ainsi déduit de ces principes toutes les vérités qu'on en peut déduire, tant parce que la plupart de celles qui restent à trouver dépendent de quelques expériences particulières qui ne se rencontreront jamais par hasard, mais qui doivent être cherchées avec soin et dépense par des hommes fort intelligents, que parce qu'il arrivera difficilement que les mêmes qui auront l'adresse de s'en bien servir aient le pouvoir de les faire, et aussi parce que la plupart des meilleurs esprits ont conçu une si mauvaise opinion de toute la philosophie, à cause des défauts qu'ils ont remarqués en celle qui a été jusques à présent en usage, qu'ils ne pourront pas s'appliquer à en chercher une meilleure.

Mais, enfin, si la différence qu'ils verront entre ces principes et tous ceux des autres, et la grande suite des vérités qu'on en peut déduire, leur fait connaître combien il est important de continuer en la recherche de ces vérités, et jusques à quel degré de sagesse, à quelle perfection de vie et à quelle félicité elles peuvent conduire, j'ose croire qu'il n'y en aura pas un qui ne tâche de s'employer à une étude si profitable, ou du moins qui ne favorise et ne veuille aider de tout son pouvoir ceux qui s'y emploieront avec fruit. Je souhaite que nos neveux en voient le succès, etc.

A LA SÉRÉNISSIME PRINCESSE

ÉLISABETH,

PREMIÈRE FILLE DE FRÉDÉRIC, ROI DE BOHÊME, COMTE PALATIN ET PRINCE ÉLECTEUR DE L'EMPIRE [1].

Madame,

Le plus grand avantage que j'aie reçu des écrits que j'ai ci-devant publiés a été qu'à leur occasion, j'ai eu l'honneur d'être connu de Votre Altesse, et de lui pouvoir quelquefois parler, ce qui m'a procuré le bonheur de remarquer en elle des qualités si rares et si estimables, que je crois que c'est rendre service au public de les proposer à la postérité pour exemple. J'aurais mauvaise grâce à vouloir flatter ou bien à écrire des choses dont je n'aurais point de connaissance certaine, principalement aux premières pages de ce livre, dans lequel je tâcherai de mettre les principes de toutes les vérités que l'esprit humain peut savoir, et la généreuse modestie que l'on voit reluire en toutes les actions de Votre Altesse m'assure que les discours simples et francs d'un homme qui n'écrit que ce qu'il croit lui seront plus agréables que ne seraient des louanges ornées de termes pompeux et recherchés par ceux qui ont étudié l'art des compliments. C'est pourquoi je ne mettrai rien en cette lettre dont l'expérience et la raison ne m'ait rendu certain ; et j'y écrirai en philosophe ainsi que dans le reste du livre. Il y a bien de la différence entre les vraies vertus et celles qui ne sont qu'apparentes, et il y en a aussi beaucoup entre les vraies qui procèdent d'une exacte connaissance de la vérité, et celles qui sont accompagnées d'ignorance ou d'erreur. Les vertus que je nomme apparentes, ne sont, à proprement parler, que des vices, qui, n'étant

1. Tout ce que Descartes nous a laissé sur la morale (à l'exception de la III⁰ partie du *Discours de la Méthode* et de quelques courts passages d'autres écrits) est contenu dans les *Lettres à la Princesse Élisabeth*. La présente lettre dédicatoire fait partie de cette série de documents. On y voit déjà comment Descartes, ainsi que Socrate et Platon, fait reposer la vertu sur la connaissance, mais comment, d'autre part, la connaissance, par l'acquisition des idées claires et distinctes, est pour lui l'œuvre de la liberté et le premier de tous les devoirs. La morale de Malebranche repose également sur ce principe. On retrouvera d'ailleurs cette théorie dans plusieurs pages des *Principes* que l'on va lire, et aussi dans la *Préface*.

pas si fréquents que d'autres vices qui leur sont contraires, ont coutume d'être plus estimés que les vertus qui consistent en la médiocrité, dont ces trois vices opposés sont les excès. Ainsi, à cause qu'il y a bien plus de personnes qui craignent trop les dangers qu'il n'y en a qui les craignent trop peu, on prend souvent la témérité pour une vertu; et elle éclate bien plus aux occasions que ne fait le vrai courage. Ainsi les prodigues ont coutume d'être plus loués que les libéraux; et ceux qui sont véritablement gens de bien n'acquièrent point tant la réputation d'être dévots que font les superstitieux et les hypocrites. Pour ce qui est des vraies vertus, elles ne viennent pas toutes d'une vraie connaissance, mais il y en a qui naissent aussi quelquefois du défaut ou de l'erreur : ainsi la simplicité est souvent la cause de la bonté, souvent la peur donne de la dévotion, et le désespoir, du courage. Or, les vertus qui sont ainsi accompagnées de quelque imperfection sont différentes entre elles, et on leur a aussi donné divers noms. Mais celles qui sont si pures et si parfaites qu'elles ne viennent que de la seule connaissance du bien sont toutes de même nature et peuvent être comprises sous le seul nom de la *sagesse*. Car quiconque a une volonté ferme et constante d'user toujours de sa raison le mieux qu'il est en son pouvoir, et de faire en toutes ses actions ce qu'il juge être le meilleur, est véritablement sage autant que sa nature permet qu'il le soit; et par cela seul il est juste, courageux, modéré, et a toutes les autres vertus, mais tellement jointes ensemble qu'il n'y en a aucune qui paraisse plus que les autres : c'est pourquoi, encore qu'elles soient beaucoup plus parfaites que celles que le mélange de quelque défaut fait éclater toutefois, à cause que le commun des hommes les remarque moins, on n'a pas coutume de leur donner tant de louanges. Outre cela, de deux choses qui sont requises à la sagesse ainsi décrite, à savoir que l'entendement connaisse tout ce qui est bien et que la volonté soit toujours disposée à le suivre, il n'y a que celle qui consiste en la volonté que tous les hommes puissent également avoir, d'autant que l'entendement de quelques-uns n'est pas si bon que celui des autres. Mais, encore que ceux qui n'ont pas tant d'esprit puissent être aussi parfaitement sages que leur nature le permet, et se rendre très agréables à Dieu par leur vertu, si seulement ils ont toujours une ferme résolution de faire tout le bien qu'ils sauront, et de n'omettre rien pour apprendre celui qu'ils ignorent; toutefois ceux qui, avec une constante volonté de bien faire et un soin très particulier de s'instruire ont aussi un très excellent esprit, arrivent sans doute à un plus haut degré de sagesse que les autres. Et je vois que ces trois choses se trouvent très parfaitement en Votre Altesse. Car, pour le soin qu'elle a eu de s'instruire, il paraît assez de ce que ni les divertissements de la cour ni la façon dont les princesses ont coutume d'être nourries, qui les détournent entièrement de la connaissance des lettres, n'ont pu empêcher que vous n'ayez étudié avec beaucoup de soins tout ce qu'il y a de meilleur dans les sciences : et on connaît l'excellence de votre esprit en ce que vous les avez parfaitement apprises en fort peu de temps. Mais j'en ai encore une autre preuve qui m'est particulière, en ce que je n'ai jamais rencontré personne qui ait si généralement et si bien entendu tout ce qui est contenu dans mes écrits. Car il y en a plusieurs qui les trouvent très obscurs, même entre les meilleurs esprits et les plus doctes ; et je remarque presque en tous que ceux qui conçoivent aisément les choses qui appartiennent aux mathématiques ne sont nullement propres à entendre celles qui se rapportent à la métaphysique, et, au contraire, que ceux à qui celles-ci sont aisées ne peuvent comprendre les autres : en sorte que je puis dire avec vérité que je n'ai jamais rencontré que le seul esprit de Votre Altesse auquel l'un et l'autre fût également facile ; ce qui fait que j'ai une très juste raison de l'estimer incomparable. Mais ce qui augmente le plus mon admiration, c'est qu'une si parfaite et si diverse connaissance de toutes les sciences n'est point en quelque vieux docteur qui ait employé beaucoup d'années à s'instruire, mais en une princesse encore jeune, et dont le visage représente mieux celui que les poëtes attribuent aux Grâces que celui qu'ils attribuent aux Muses ou à la savante Minerve. Enfin je ne remarque pas seulement en Votre Altesse tout ce qui peut être requis de la part de l'esprit à la plus haute et la plus excellente sagesse, mais aussi tout ce qui peut être requis de la part de la volonté ou des mœurs, dans lesquelles on voit la magnanimité et la douceur jointes ensemble avec un tel tempérament que, quoique la fortune, en vous attaquant par de continuelles injures, semble avoir fait tous ses efforts pour vous faire changer d'humeur, elle n'a jamais pu tant soit peu ni vous irriter ni vous abattre. Et cette sagesse si parfaite m'oblige à tant de vénération, que non seulement je pense lui devoir ce livre, puisqu'il traite de la philosophie qui en est l'étude, mais aussi je n'ai pas plus de zèle à philosopher, c'est-à-dire à tâcher d'acquérir de la sagesse, que j'en ai à être,

    Madame,

        de Votre Altesse,

                le très humble, très obéissant
                et très dévôt serviteur

                    DESCARTES.

LES PRINCIPES DE LA PHILOSOPHIE

PREMIÈRE PARTIE

Des principes de la connaissance humaine.

1. *Que pour examiner la vérité il est besoin une fois en sa vie de mettre toutes choses en doute autant qu'il se peut.*

Comme nous avons été enfants avant que d'être hommes, et que nous avons jugé tantôt bien et tantôt mal des choses qui se sont présentées à nos sens lorsque nous n'avions pas encore l'usage entier de notre raison, plusieurs jugements ainsi précipités nous empêchent de parvenir à la connaissance de la vérité, et nous préviennent de telle sorte qu'il n'y a point d'apparence que nous puissions nous en délivrer, si nous n'entreprenons de douter une fois en notre vie de toutes les choses où nous trouverons le moindre soupçon d'incertitude [1].

2. *Qu'il est utile aussi de considérer comme fausses toutes les choses dont on peut douter.*

Il sera même fort utile que nous rejetions comme fausses toutes celles où nous pourrons imaginer le moindre doute,

---

[1] Le *Doute méthodique*, dont il est ici question, a été brièvement exposé par Descartes au début de la IVe partie du *Discours de la méthode*; il a été présenté avec un peu plus de développement dans la Ire *Méditation*. Descartes y revient dans ses *Réponses aux Objections* du P. Bourdin et de Hobbes. — Fénelon s'est approprié cette partie de la méthode cartésienne et l'a développée dans son *Traité de l'Existence de Dieu*, IIe partie, chap. I.

afin que si nous en découvrons quelques-unes qui, nonobstant cette précaution, nous semblent manifestement être vraies, nous fassions état qu'elles sont aussi très certaines et les plus aisées qu'il est possible de connaître[1].

3. *Que nous ne devons point user de ce doute pour la conduite de nos actions.*

Cependant il est à remarquer que je n'entends point que nous nous servions d'une façon de douter si générale, sinon lorsque nous commençons à nous appliquer à la contemplation de la vérité. Car il est certain qu'en ce qui regarde la conduite de notre vie, nous sommes obligés de suivre bien souvent les opinions qui ne sont que vraisemblables, à cause que les occasions d'agir en nos affaires se passeraient presque toujours avant que nous pussions nous délivrer de tous nos doutes; et lorsqu'il s'en rencontre plusieurs de telles sur un même sujet, encore que nous n'apercevions peut-être pas davantage de vraisemblance aux unes qu'aux autres, si l'action ne souffre aucun délai, la raison veut que nous en choisissions une, et qu'après l'avoir choisie, nous la suivions constamment, de même que si nous l'avions jugée très certaine[2].

4. *Pourquoi on peut douter de la vérité des choses certaines.*

Mais, d'autant que nous n'avons point maintenant d'autre dessein que de vaquer à la recherche de la vérité, nous

---

[1]. Parce qu'elles auront échappé à ce doute universel. Cf. *Discours de la Méthode*, IV : « Et remarquant que cette vérité : Je pense, donc je suis, était si ferme et assurée, que les plus extravagantes suppositions des sceptiques n'étaient pas capables de l'ébranler, je jugeai... »

[2]. Cette considération pratique a été développée par Descartes dans la III⁰ partie du *Discours de la Méthode*, où il dit, à peu près dans les mêmes termes, que les « actions de la vie ne souffrant souvent aucun délai, c'est une vérité très certaine que, lorsqu'il n'est pas en notre pouvoir de découvrir les plus vraies opinions, nous devons suivre les plus probables ». — On retrouvera la même idée dans les *Réponses aux Objections*. (*Rép. aux* 4ᵉˢ, n° 68; *aux* 7ᵉˢ, n° 4, où, une fois de plus, il qualifie son doute de « doute hyperbolique et métaphysique », dont il ne faut point se servir « pour les choses qui regardent la conduite de la vie ». Voir aussi l'*Abrégé des Méditations*, n° 8.

douterons en premier lieu si de toutes les choses qui sont tombées sous nos sens ou que nous avons jamais imaginées, il y en a quelques-unes qui soient véritablement dans le monde, tant à cause que nous savons par expérience que nos sens nous ont trompés en plusieurs rencontres, et qu'il y aurait de l'imprudence de nous trop fier à ceux qui nous ont trompés, quand même ce n'aurait été qu'une fois, comme aussi à cause que nous songeons presque toujours en dormant, et que pour lors il nous semble que nous sentons vivement et que nous imaginons clairement une infinité de choses qui ne sont point ailleurs, et que lorsqu'on est ainsi résolu à douter de tout, il ne reste plus de marque par où l'on puisse savoir si les pensées qui viennent en songe sont plutôt fausses que les autres[1].

5. *Pourquoi on peut aussi douter des démonstrations de mathématiques.*

Nous douterons aussi de toutes les autres choses qui nous ont semblé autrefois très certaines, même des démonstrations de mathématiques et de leurs principes, encore que d'eux-mêmes ils soient assez manifestes[2], à cause qu'il y a des hommes qui se sont mépris en raisonnant sur de telles matières; mais principalement parce que nous avons ouï dire que Dieu, qui nous a créés, peut faire tout ce qu'il lui plaît, et que nous ne savons pas encore si peut-être il n'a point voulu nous faire tels que nous soyons toujours trompés, quelquefois même dans les choses que nous pensons le mieux

---

1. Cf. *Discours de la Méthode*, IV (début), et I*re Méditation*. Voyez aussi les *Réponses aux Objections de Hobbes*. Hobbes prenait au sérieux ces motifs de doute et s'étonnait que Descartes eût reproduit des considérations si rebattues. Descartes lui réplique qu'il regarde ce doute, quand il est réel, comme une *maladie*, et que lui, précisément, n'expose cette maladie que pour travailler à la guérir.

2. Dans la I*re Méditation*, Descartes dit d'abord des démonstrations mathématiques, qu'on pourrait les mettre immédiatement hors de doute, parce qu'elles « ne traitent que de choses fort simples et fort générales (nous dirions aujourd'hui d'*abstractions*), sans se mettre beaucoup en peine si elles sont dans la nature ou si elles n'y sont pas »..... Mais là, déjà, contre des vérités si évidentes, il ne trouve d'autre prétexte pour son doute « hyperbolique » et fictif que dans la supposition d'un Dieu trompeur.

connaître : car, puisqu'il a bien permis que nous nous soyons trompés ainsi qu'il a été déjà remarqué, pourquoi ne pourrait-il pas permettre que nous nous trompions toujours ? Et si nous voulons feindre qu'un Dieu tout-puissant n'est point l'auteur de notre être, et que nous subsistons par nous-mêmes ou par quelque autre moyen, de ce que nous supposerons cet auteur moins puissant, nous aurons toujours d'autant plus de sujet [1] de croire que nous ne sommes pas si parfaits que nous ne puissions être continuellement abusés.

6. *Que nous avons un libre arbitre qui fait que nous pouvons nous abstenir de croire les choses douteuses, et ainsi nous empêcher d'être trompés.*

Mais quand Celui qui nous a créés serait tout-puissant, et quand même il prendrait plaisir à nous tromper, nous ne laissons pas d'éprouver en nous une liberté qui est telle que, toutes les fois qu'il nous plaît, nous pouvons nous abstenir de recevoir en notre croyance les choses que nous ne connaissons pas bien, et ainsi nous empêcher d'être jamais trompés [2].

1. Dans la Ire *Méditation*, Descartes développe un peu plus ce même raisonnement. Il suppose d'abord, il *feint* un Dieu trompeur. Puis il prévoit l'objection de ceux qui, pour conserver la certitude sur tous les autres points, aimeraient encore mieux nier la toute-puissance divine, du moment où cette puissance leur serait donnée comme maligne et trompeuse. Enfin, il répond à cette objection en disant que, si nous venons d'une cause inférieure à Dieu, tel qu'on le comprend d'habitude, nous avons encore moins de garantie contre les chances d'imperfection ou d'erreur. C'est ce qu'il dit ici plus brièvement.
On sait comment Descartes lèvera plus tard cette apparente difficulté. Une fois que le doute lui aura révélé l'idée de son imperfection, celle-ci, l'idée de perfection, et cette dernière, à son tour, l'idée d'un être parfait, donc véridique et bon, il ne pourra plus être question de Dieu trompeur.

2. Descartes reviendra plus bas sur cette question, n°s 29 et suivants. Voyez aussi la IVe *Méditation*, 6, 17, et le *Traité de Morale*, de Malebranche, Ire partie, chap. VI.
Ici, Descartes veut simplement dire que, quels que soient les arguments des sceptiques contre la connaissance, on peut être sûr de ne pas se tromper en n'affirmant rien. Si c'était là un résultat définitif, il serait mince. Mais Descartes voit avec raison, dans cet état, un point de départ qui n'est pas à dédaigner. Nous n'avons

7. *Que nous ne saurions douter sans être, et que cela est la première connaissance certaine qu'on peut acquérir.*

Pendant que nous rejetons ainsi tout ce dont nous pouvons douter le moins du monde, et que nous feignons même qu'il est faux, nous supposons facilement qu'il n'y a point de Dieu, ni de ciel, ni de terre, et que nous n'avons point de corps ; mais nous ne saurions supposer de même que nous ne sommes point pendant que nous doutons de la vérité de toutes ces choses : car nous avons tant de répugnance à concevoir que ce qui pense n'est pas véritablement au même temps qu'il pense, que, nonobstant toutes les plus extravagantes suppositions, nous ne saurions nous empêcher de croire que cette conclusion : *Je pense, donc je suis*, ne soit vraie, et par conséquent la première et la plus certaine qui se présente à celui qui conduit ses pensées par ordre [1].

8. *Qu'on connaît aussi ensuite la distinction qui est entre l'âme et le corps.*

Il me semble aussi que ce biais est tout le meilleur que nous puissions choisir pour connaître la nature de l'âme, et qu'elle est une substance entièrement distincte du corps : car, examinant ce que nous sommes, nous qui sommes persuadés maintenant qu'il n'y a rien hors de notre pensée qui soit véritablement ou qui existe, nous connaissons manifestement que, pour être, nous n'avons pas besoin d'extension, de figure, d'être en aucun lieu, ni d'aucune autre semblable chose que l'on peut attribuer au corps, et que nous sommes par cela seul que nous pensons; et par conséquent que la notion que nous avons de notre âme ou de notre pensée précède celle que nous avons du corps, et qu'elle est plus certaine, vu que nous doutons encore qu'il y ait aucun corps au monde, et que nous savons certainement que nous pensons [2].

---

encore aucune vérité à affirmer, mais nous savons *que rien ne peut nous imposer une erreur invincible*. C'est là tout au moins un bon commencement pour sa méthode.

1. Cf. *Discours de la Méthode*, IV, et *IIe Méditation*, n°s 1-3.
2. Cf. *Discours de la Méthode*, IV, et *IIe Méditation*, n°s 4-7.

Le raisonnement par lequel Descartes prouve l'immatérialité, ou, suivant le terme convenu, la spiritualité de l'âme, repose sur cette

9. *Ce que c'est que penser.*

Par le mot de *penser*, j'entends tout ce qui se fait en nous de telle sorte que nous l'apercevons immédiatement par nous-mêmes[1]; c'est pourquoi non seulement entendre, vouloir, imaginer, mais aussi sentir est la même chose ici que penser. Car si je dis que je vois ou que je marche, et que j'infère de là que je suis; si j'entends parler de l'action qui se fait avec mes yeux ou avec mes jambes, cette conclusion n'est pas tellement infaillible, que je n'aie quelque sujet d'en douter, à cause qu'il se peut faire que je pense voir ou marcher, encore que je n'ouvre point les yeux et que je ne bouge de ma place : car cela m'arrive quelquefois en dormant, et le même pourrait peut-être m'arriver encore que je n'eusse point de corps; au lieu que si j'entends parler seulement de l'action de ma pensée ou du sentiment, c'est-à-dire de la connaissance qui est en moi, qui fait qu'il me semble que je vois ou que je marche, cette même conclusion est si absolument vraie que je n'en puis douter, à cause qu'elle se rapporte à l'âme, qui seule a la faculté de sentir ou bien de penser en quelque autre façon que ce soit[2].

proposition, qui est fondamentale dans sa philosophie : *L'idée claire et distincte est la mesure de la réalité.* Nous avons une idée claire et distincte de la pensée, et nous ne voyons clairement et distinctement dans la pensée rien autre chose que la pensée; nous n'avons besoin, pour cette conception, de rien supposer d'étendu ni de mobile, par exemple : donc l'être pensant est pensée, et rien de plus. De même, il dira de la matière : Je la conçois clairement et distinctement comme mobile et étendue, et pour la concevoir je n'ai besoin de rien autre chose : donc la matière n'est que de l'étendue mise en mouvement, et il n'y a en elle « aucune de ces formes ou qualités dont on dispute dans les écoles ».

1. C'est ce que nous appellerions aujourd'hui *état de conscience*.
2. Ici Descartes est évidemment sorti du scepticisme; mais il n'a fait qu'un pas, et ce pas l'a placé dans l'idéalisme. Il est bien entendu, cependant, que cet idéalisme n'est que provisoire, comme le doute l'avait été. Il n'est pas encore certain que je marche, dit-il, mais il est certain que je pense marcher. Comment de la pensée de son existence passe-t-il à son existence réelle, c'est ce qui est expliqué ailleurs.

Cf. *IIe Méditation*, n° 3; *Réponses aux cinquièmes Objections*, n° 5.

10. *Qu'il y a des notions d'elles-mêmes si claires qu'on les obscurcit en les voulant définir à la façon de l'école, et qu'elles ne s'acquièrent point par l'étude, mais naissent avec nous.*

Je n'explique pas ici plusieurs autres termes dont je me suis déjà servi, et dont je fais état de me servir ci-après : car je ne pense pas que, parmi ceux qui liront mes écrits, il s'en rencontre de si stupides qu'ils ne puissent entendre d'eux-mêmes ce que ces termes signifient. Outre que j'ai remarqué que les philosophes, en tâchant d'expliquer par les règles de leur logique des choses qui sont manifestes d'elles-mêmes, n'ont rien fait que les obscurcir; et lorsque j'ai dit que cette proposition, *Je pense, donc je suis*, est la première et la plus certaine qui se présente à celui qui conduit ses pensées par ordre[1], je n'ai pas pour cela nié qu'il ne fallût savoir auparavant ce que c'est que pensée, certitude, existence, et autres choses semblables; mais, à cause que ce sont là des notions si simples que d'elles-mêmes elles ne nous font avoir la connaissance d'aucune chose qui existe, je n'ai pas jugé qu'on en dût faire ici aucun dénombrement.

11. *Comment nous pouvons plus clairement connaître notre âme que notre corps.*

Or, afin de savoir comment la connaissance que nous avons de notre pensée précède celle que nous avons du corps, et qu'elle est incomparablement plus évidente, et telle qu'encore qu'il ne fût point, nous aurions raison de conclure qu'elle ne laisserait pas d'être tout ce qu'elle est; nous remarquerons qu'il est manifeste, par une lumière qui est naturellement en nos âmes, que le néant n'a aucunes qualités ni propriétés qui lui appartiennent, et qu'où nous en apercevons quelques-unes il se doit trouver nécessairement une chose ou substance dont elles dépendent. Cette même lumière nous montre aussi que nous connaissons d'autant mieux une chose ou substance, que nous remarquons en elle davantage de propriétés; or, il est certain que nous en remarquons beaucoup plus en notre pensée qu'en aucune autre chose que ce puisse être, d'autant qu'il n'y a rien qui nous fasse connaître quoi que ce soit, qui ne nous fasse en-

1. C'est-à-dire en commençant par les plus simples, selon la 3e *règle* de la Méthode.

core plus certainement connaître notre pensée. Par exemple, si je me persuade qu'il y a une terre à cause que je la touche ou que je la vois : de cela même, par une raison encore plus forte, je dois être persuadé que ma pensée est ou existe, à cause qu'il se peut faire que je pense toucher la terre, encore qu'il n'y ait peut-être aucune terre au monde ; et qu'il n'est pas possible que moi, c'est-à-dire mon âme, ne soit rien pendant qu'elle a cette pensée : nous pouvons conclure le même de toutes les autres choses qui nous viennent en la pensée, à savoir que nous qui les pensons existons, encore qu'elles soient peut-être fausses ou qu'elles n'aient aucune existence[1].

12. *D'où vient que tout le monde ne la connaît pas en cette façon.*

Ceux qui n'ont pas philosophé par ordre[2] ont eu d'autres opinions sur ce sujet, parce qu'ils n'ont jamais distingué assez soigneusement leur âme, ou ce qui pense, d'avec le corps, ou ce qui est étendu en longueur, largeur et profondeur. Car, encore qu'ils ne fissent point difficulté de croire qu'ils étaient dans le monde, et qu'ils en eussent une assurance plus grande que d'aucune autre chose, néanmoins, comme ils n'ont pas pris garde que par eux, lorsqu'il était question d'une certitude métaphysique[3], ils devaient entendre seulement leur pensée, et qu'au contraire ils ont mieux aimé croire que c'était leur corps qu'ils voyaient de leurs yeux, qu'ils touchaient de leurs mains, et auquel ils

---

1. Ceci est une suite ou conséquence très logique des propositions qui précèdent. Alors même que je ne penserais rien de réellement existant, dit Descartes, ma pensée serait toujours réelle. La certitude que j'ai de ma propre pensée est donc la première des certitudes.
Cf. *II*e *Méditation*, nos 12 et 13. Descartes y insiste surtout sur ce point que les corps nous sont connus, non pas par les sens, mais par l'entendement ou l'esprit, et que ce par quoi nous connaissons le reste nous est connu plus tôt, mieux et plus évidemment que le reste.
2. C'est-à-dire toujours en commençant par ce qu'il y a de plus simple.
3. Et non pas seulement d'une certitude pratique ou morale. Voyez le livre IV des *Principes*, ou la note 1 de la page 43 de notre édition du *Discours de la Méthode*.

attribuaient mal à propos la faculté de sentir, ils n'ont pas connu distinctement la nature de leur âme.

13. *En quel sens on peut dire que si on ignore Dieu on ne peut avoir de connaissance certaine d'aucune autre chose.*

Mais lorsque la pensée qui se connaît soi-même en cette façon, nonobstant qu'elle persiste encore à douter des autres choses, use de circonspection pour tâcher d'étendre sa connaissance plus avant, elle trouve en soi premièrement les idées de plusieurs choses; et pendant qu'elle les contemple simplement, et qu'elle n'assure pas qu'il y ait rien hors de soi qui soit semblable à ces idées, et qu'aussi elle ne le nie pas, elle est hors de danger de se méprendre. Elle rencontre aussi quelques notions communes, dont elle compose des démonstrations qui la persuadent si absolument, qu'elle ne saurait douter de leur vérité pendant qu'elle s'y applique. Par exemple, elle a en soi les idées des nombres et des figures, elle a aussi entre ses communes notions, « que, si on ajoute « des quantités égales à d'autres quantités égales, les touts « seront égaux », et beaucoup d'autres aussi évidentes que celle-ci, par lesquelles il est aisé de démontrer que les trois angles d'un triangle sont égaux à deux droits, etc. Or, tant qu'elle aperçoit ces notions et l'ordre dont elle a déduit cette conclusion ou d'autres semblables, elle est très assurée de leur vérité; mais, comme elle ne saurait y penser toujours avec tant d'attention, lorsqu'il arrive qu'elle se souvient de quelque conclusion sans prendre garde à l'ordre dont elle peut être démontrée, et que cependant elle pense que l'Auteur de son être aurait pu la créer de telle nature qu'elle se méprît en tout ce qui lui semble très évident, elle voit bien qu'elle a un juste sujet de se défier de la vérité de tout ce qu'elle n'aperçoit pas distinctement, et qu'elle ne saurait avoir aucune science certaine jusques à ce qu'elle ait connu Celui qui l'a créée[1].

1. Voici ce que Descartes veut dire ici : Je suis certain de ma pensée au moment où je dis que je pense et que par conséquent je suis. Toutes les fois que j'aperçois distinctement un lien entre ma pensée actuelle et d'autres de mes pensées, j'ai encore une autre certitude : elle porte sur les vérités que ces rapports mêmes constituent. Mais souvent le lien m'échappe. Il faut alors que la réalité extérieure de cet ordre dont mes pensées ont commencé, mais

14. *Qu'on peut démontrer qu'il y a un Dieu, de cela seul que la nécessité d'être ou d'exister est comprise entre la notion que nous avons de lui.*

Lorsque par après elle fait une revue sur les diverses idées ou notions qui sont en soi, et qu'elle y trouve celle d'un Être tout-connaissant, tout-puissant, et extrêmement parfait [1], elle juge facilement, parce qu'elle aperçoit en cette idée que Dieu, qui est cet Être tout parfait, est ou existe : car, encore qu'elle ait des idées distinctes de plusieurs autres choses, elle n'y remarque rien qui l'assure de l'existence de leur objet; au lieu qu'elle aperçoit en celle-ci, non pas seulement une existence possible, comme dans les autres, mais une existence absolument nécessaire et éternelle. Et comme de ce qu'elle voit qu'il est nécessairement compris dans l'idée qu'elle a du triangle que ses trois angles soient égaux à deux droits, elle se persuade absolument que le triangle a les trois angles égaux à deux droits; de même, de cela seul qu'elle aperçoit que l'existence nécessaire et éternelle est comprise dans l'idée qu'elle a d'un Être tout parfait, elle doit conclure que cet Être tout parfait est ou existe [2].

15. *Que la nécessité d'être n'est pas comprise en la notion que nous avons des autres choses, mais seulement le pouvoir d'être.*

Elle pourra s'assurer encore mieux de la vérité de cette conclusion, si elle prend garde qu'elle n'a point en soi l'idée

peut-être aussi interrompu le déchiffrement, me soit garantie par l'existence d'un être parfait qui l'ait créé.

Ainsi Descartes croit que l'*ordre* des idées claires l'oblige à aller de sa pensée à Dieu, puis de Dieu au monde extérieur : il trouve cette marche plus sûre et plus logique. Cf. *Discours de la Méthode*, II (page 44 de notre édition), et Ve *Méditation*, n°s 3-5.

1. Descartes ne dit pas ici comment l'esprit arrive à cette notion du parfait. Il l'a dit dans la IVe partie du *Discours de la Méthode*. En s'apercevant que c'est une imperfection que de douter, il voit clairement et distinctement que cette idée même d'imperfection suppose l'idée de la perfection dont elle est privée.

2. Descartes renverse ici l'ordre des preuves de l'existence de Dieu qu'il avait données dans le *Discours de la Méthode*. C'est par la preuve ontologique, dite de saint Anselme, qu'il commence : la seule idée de la perfection implique l'existence pure et simple, l'existence absolue, c'est-à-dire l'existence nécessaire et éternelle.

ou la notion d'aucune autre chose, où elle puisse reconnaître une existence qui soit ainsi absolument nécessaire : car de cela seul elle saura que l'idée d'un Être tout parfait n'est point en elle par une fiction, comme celle qui représente une chimère, mais qu'au contraire elle y est empreinte par une nature immuable et vraie, et qui doit nécessairement exister, parce qu'elle ne peut être conçue qu'avec une existence nécessaire.

16. *Que les préjugés empêchent que plusieurs ne connaissent clairement cette nécessité d'être qui est en Dieu.*

Notre âme ou notre pensée n'aurait pas de peine à se persuader cette vérité, si elle était libre de ses préjugés ; mais d'autant que nous sommes accoutumés à distinguer en toutes les autres choses l'essence de l'existence [1], et que nous pouvons feindre à plaisir plusieurs idées de choses qui peut-être n'ont jamais été, et qui ne seront peut-être jamais, lorsque nous n'élevons pas comme il faut notre esprit à la contemplation de cet Être tout parfait, il se peut faire que nous doutions si l'idée que nous avons de lui n'est pas l'une de celles que nous feignons quand bon nous semble, ou qui sont possibles encore que l'existence ne soit pas nécessairement comprise en leur nature [2].

17. *Que d'autant que nous concevons plus de perfection en une chose, d'autant devons-nous croire que sa cause doit aussi être plus parfaite.*

De plus, lorsque nous faisons réflexion sur les diverses idées qui sont en nous, il est aisé d'apercevoir qu'il n'y a

---

1. L'essence, c'est ce que contient l'idée qu'on se fait d'une chose, ce sans quoi cette chose conçue ne serait plus ce que l'on conçoit. L'existence, c'est la réalité. L'essence du triangle, c'est d'avoir trois côtés et trois angles. On peut chercher et déterminer quelle est l'essence de la patrie, quelle est l'essence de la religion. C'est ensuite une autre question que de savoir si la justice est une réalité, c'est-à-dire si on l'observe, s'il existe même un homme vraiment juste, un homme vraiment religieux, et ainsi de suite.
2. Parmi les idées que nous concevons, il en est dont l'existence toute factice est chimérique ; il en est d'autres dont l'existence est simplement possible. L'existence de l'être parfait n'est pas simplement possible, elle est nécessaire.

pas beaucoup de différence entre elles, en tant que nous les considérons simplement comme les dépendances de notre âme ou de notre pensée, mais qu'il y en a beaucoup en tant que l'une représente une chose, et l'autre une autre; et même que leur cause doit être d'autant plus parfaite, que ce qu'elles représentent de leur objet a plus de perfection. Car tout ainsi que, lorsqu'on nous dit que quelqu'un a l'idée d'une machine où il y a beaucoup d'artifices, nous avons raison de nous enquérir comment il a pu avoir cette idée, à savoir s'il a vu quelque part une telle machine faite par un autre, ou s'il a appris la science des mécaniques, ou s'il est avantagé d'une telle vivacité d'esprit que de lui-même il ait pu l'inventer sans avoir rien vu de semblable ailleurs, à cause que tout l'artifice [1] qui est représenté dans l'idée qu'a cet homme, ainsi que dans un tableau, doit être en sa première et principale cause, non pas seulement par imitation, mais en effet de la même sorte ou d'une façon encore plus éminente [2] qu'il n'est représenté.

18. *Qu'on peut derechef démontrer par cela qu'il y a un Dieu.*

De même, parce que nous trouvons en nous l'idée d'un Dieu, ou d'un Être tout parfait [3], nous pouvons rechercher la cause qui fait que cette idée est en nous; mais, après avoir considéré avec attention combien sont immenses les perfections qu'elle nous représente, nous sommes contraints d'avouer que nous ne saurions la tenir que d'un Être très

---

1. *Artifice* est pris ici dans le sens d'*art*.
2. Descartes a expliqué lui-même ce qu'il entend par les mots *éminent, éminemment.* « Les mêmes choses, dit-il, sont dites être *formellement* dans les objets des idées quand elles sont en eux telles que nous les concevons; et elles sont dites y être *éminemment* quand elles n'y sont pas à la vérité telles, mais qu'elles sont si grandes, qu'elles peuvent suppléer à ce défaut par leur excellence. » (*Réponses aux deuxièmes Objections*, n° 60.)
3. C'est toujours par l'idée de la perfection que Descartes prouve l'existence de Dieu. Mais il ne se borne plus ici à l'analyse de cette idée pour prouver qu'elle implique l'existence nécessaire. Il établit que cette idée, comme toute autre idée, a son objet : la pensée n'impliquant pas seulement un objet pensant, mais encore un objet pensé. C'était par cette preuve que Descartes avait débuté dans la IV° partie du *Discours de la Méthode*.

parfait, c'est-à-dire d'un Dieu, qui est véritablement ou qui existe, parce qu'il est non seulement manifeste par la lumière naturelle que le néant ne peut être auteur de quoi que ce soit, et que le plus parfait ne saurait être une suite et une dépendance du moins parfait, mais aussi parce que nous voyons, par le moyen de cette même lumière, qu'il est impossible que nous ayons l'idée ou l'image de quoi que ce soit, s'il n'y a en nous ou ailleurs un original qui comprenne en effet toutes les perfections qui nous sont ainsi représentées ; mais comme nous savons que nous sommes sujets à beaucoup de défauts, et que nous ne possédons pas ces extrêmes perfections dont nous avons l'idée, nous devons conclure qu'elles sont en quelque nature qui est différente de la nôtre, et en effet très parfaite, c'est-à-dire qui est Dieu, ou du moins qu'elles ont été autrefois en cette chose, et il suit de ce qu'elles étaient infinies qu'elles y sont encore [1].

19. *Qu'encore que nous ne comprenions pas tout ce qui est en Dieu, il n'y a rien toutefois que nous connaissions si clairement comme ses perfections.*

Je ne vois point en cela de difficulté pour ceux qui ont accoutumé leur esprit à la contemplation de la Divinité, et qui ont pris garde à ses perfections infinies : car, encore que nous ne les comprenions pas, parce que la nature de l'infini est telle que des pensées finies ne le sauraient comprendre, nous les concevons néanmoins plus clairement et plus distinctement que les choses matérielles, à cause qu'étant plus simples et n'étant point limitées, ce que nous en concevons est beaucoup moins confus. Aussi il n'y a point de spéculation qui puisse plus aider à perfectionner notre entendement, et qui soit plus importante que celle-ci, d'au-

---

1. Cf. *Troisième Méditation*, nos 7-12. — Pour nos idées ordinaires, il suffit que la réalité à laquelle notre idée répond ait existé, ne fût-ce qu'un moment. César n'existe plus ; mais il a fallu qu'il existât pour que nous en eussions l'idée. Quant à l'être parfait, seule cause capable d'expliquer la présence en nous de l'idée de perfection, il serait contradictoire qu'il eût cessé d'exister. Le parfait et l'infini sont nécessairement éternels, sans quoi ils ne seraient plus ni le parfait ni l'infini.

tant que la considération d'un objet qui n'a point de bornes en ses perfections nous comble de satisfaction et d'assurance.

20. *Que nous ne sommes pas la cause de nous-mêmes, mais que c'est Dieu, et que par conséquent il y a un Dieu.*

Mais tout le monde n'y prend pas garde comme il faut; et parce que nous savons assez, lorsque nous avons une idée de quelque machine où il y a beaucoup d'artifice, la façon dont nous l'avons eue, et que nous ne saurions nous souvenir, de même quand l'idée que nous avons d'un Dieu nous a été communiquée de Dieu, à cause qu'elle a toujours été en nous, il faut que nous fassions encore cette revue, et que nous recherchions quel est donc l'auteur de notre âme ou de notre pensée, qui a en soi l'idée des perfections infinies qui sont en Dieu, parce qu'il est évident que ce qui connaît quelque chose de plus parfait que soi ne s'est point donné l'être, à cause que par même moyen il se serait donné toutes les perfections dont il aurait eu connaissance, et par conséquent qu'il ne saurait subsister par aucun autre que par Celui qui possède en effet toutes ces perfections, c'est-à-dire qui est Dieu[1].

21. *Que la seule durée de notre vie suffit pour démontrer que Dieu est.*

Je ne crois pas que l'on puisse douter de la vérité de cette démonstration, pourvu qu'on prenne garde à la nature du temps ou de la durée de notre vie : car, étant telle que ses parties ne dépendent point les unes des autres et n'existent jamais ensemble, de ce que nous sommes maintenant, il ne s'ensuit pas nécessairement que nous soyons un moment après, si quelque cause, à savoir la même qui nous a pro-

---

1. C'est ici la seconde des preuves dans la IVe partie du *Discours de la Méthode*. Il s'agit d'expliquer non plus l'existence de l'*idée* de la perfection, mais l'existence d'un *être qui a cette idée*, sans avoir d'ailleurs en lui cette perfection qu'il conçoit. Il est évident, dit Descartes, que cet être n'existe pas par lui-même, sans quoi il n'aurait pas seulement l'idée, il aurait aussi la réalité de la perfection. Donc il ne subsiste pas par lui-même, mais par un être réellement parfait, dans lequel il trouve tout à la fois la cause de son idée du parfait et la cause de sa propre existence.
Cf. *Troisième Méditation*, n°s 20-24.

duits, ne continue à nous produire, c'est-à-dire ne nous conserve. Et nous connaissons aisément qu'il n'y a point de force en nous par laquelle nous puissions subsister ou nous conserver un seul moment, et que Celui qui a tant de puissance qu'il nous fait subsister hors de lui et qui nous conserve, doit se conserver soi-même, ou plutôt n'a besoin d'être conservé par qui que ce soit, et enfin qu'il est Dieu [1].

22. *Qu'en connaissant qu'il y a un Dieu en la façon ici expliquée, on connaît aussi tous ses attributs, autant qu'ils peuvent être connus par la seule lumière naturelle.*

Nous recevons encore cet avantage, en prouvant de cette sorte l'existence de Dieu, que nous connaissons par même moyen ce qu'il est, autant que le permet la faiblesse de notre nature. Car, faisant réflexion sur l'idée que nous avons naturellement de lui, nous voyons qu'il est éternel, tout-connaissant, tout-puissant, source de toute bonté et vérité, créateur de toutes choses, et qu'enfin il a en soi tout ce en quoi nous pouvons reconnaître quelque perfection infinie, ou bien qui n'est bornée d'aucune imperfection.

23. *Que Dieu n'est point corporel et ne connaît point par l'aide des sens comme nous, et n'est point auteur du péché* [2].

Car il y a des choses dans le monde qui sont limitées, et en quelque façon imparfaites, encore que nous remarquions en elles quelques perfections; mais nous concevons aisément qu'il n'est pas possible qu'aucune de celles-là soient en Dieu : ainsi, parce que l'extension constitue la nature du

---

1. C'est ici la doctrine de la *Création continuée*. Aux yeux de Descartes, non seulement Dieu est nécessaire pour nous appeler à l'existence, mais aussi pour nous y conserver. Non seulement nous n'aurions pu nous donner l'existence à nous-mêmes, mais nous ne pouvons persévérer dans l'existence reçue que si quelque puissance supérieure nous y conserve : car il est de l'essence de ce qui est successif et divisible de n'avoir jamais en soi de raison suffisante de son existence.

Leibniz combattra cette théorie comme indigne de la toute-puissance divine et comme pouvant conduire au panthéisme.

2. Voyez la IVe partie du *Discours de la Méthode*, page 31 de notre édition. — Cf. *Troisième Méditation*, n°s 20-24.

corps, et que ce qui est étendu peut être divisé en plusieurs parties, et que cela marque du défaut, nous concluons que Dieu n'est point un corps. Et, bien que ce soit un avantage aux hommes d'avoir des sens, néanmoins, à cause que les sentiments se font en nous par des impressions qui viennent d'ailleurs, et que cela témoigne de la dépendance, nous concluons aussi que Dieu n'en a point, mais qu'il entend et veut, non pas encore comme nous par des opérations aucunement différentes[1], mais que toujours par une même et très simple action il entend, veut et fait tout, c'est-à-dire toutes les choses qui sont en effet : car il ne veut point la malice du péché, parce qu'elle n'est rien[2].

24. *Qu'après avoir connu que Dieu est, pour passer à la connaissance des créatures, il se faut souvenir que notre entendement est fini, et la puissance de Dieu infinie.*

Après avoir ainsi connu que Dieu existe, et qu'il est l'auteur de tout ce qui est ou qui peut être, nous suivons sans doute la meilleure méthode dont on se puisse servir pour découvrir la vérité, si, de la connaissance que nous avons de sa nature, nous passons à l'explication des choses qu'il a créées, et si nous essayons de la déduire en telle sorte des notions qui sont naturellement en nos âmes, que nous ayons une science parfaite, c'est-à-dire que nous connaissions les effets par leurs causes. Mais afin que nous puissions l'entreprendre avec plus de sûreté, toutes les fois que nous voudrons examiner la nature de quelque chose, nous nous souviendrons que Dieu, qui en est l'auteur, est infini, et que nous sommes entièrement finis[3].

1. Par des opérations différentes les unes des autres, c'est-à-dire *discursives*. Ainsi Dieu n'a besoin ni de se souvenir, ni de prévoir, ni de raisonner.
2. Elle n'est rien de positif; elle n'est qu'une privation et qu'une défaillance.
3. Remarquons bien ici la méthode de Descartes : il prétend connaître les effets par leurs causes plutôt que les causes par les effets. Il poussera très loin cette méthode toute *déductive*, et, après avoir posé quelques grandes et belles lois, il arrivera un moment où il ne fera que multiplier les hypothèses.
Voyez les Ire et VIe parties du *Discours de la Méthode* et les notes de notre édition.

25. *Et qu'il faut croire tout ce que Dieu a révélé, encore qu'il soit au-dessus de la portée de notre esprit.*

Tellement que, s'il nous fait la grâce de nous révéler, ou bien à quelques autres, des choses qui surpassent la portée ordinaire de notre esprit, telles que sont les mystères de l'Incarnation et de la Trinité, nous ne ferons point difficulté de les croire, encore que nous ne les entendions peut-être pas bien clairement. Car nous ne devons point trouver étrange qu'il y ait en sa nature, qui est immense, et en ce qu'il a fait, beaucoup de choses qui surpassent la capacité de notre esprit.

26. *Qu'il ne faut point tâcher de comprendre l'infini, mais seulement penser que tout ce en quoi nous ne trouvons aucunes bornes est indéfini.*

Ainsi, nous ne nous embarrasserons jamais dans les disputes de l'infini; d'autant qu'il serait ridicule que nous, qui sommes finis, entreprissions d'en déterminer quelque chose, et par ce moyen le supposer fini en tâchant de le comprendre : c'est pourquoi nous ne nous soucierons pas de répondre à ceux qui demandent si la moitié d'une ligne infinie est infinie, et si le nombre infini est pair ou non pair, et autres choses semblables, à cause qu'il n'y a que ceux qui s'imaginent que leur esprit est infini qui semblent devoir examiner telles difficultés[1]. Et pour nous, en voyant des choses dans lesquelles, selon certains sens, nous ne remarquons point de limites, nous n'assurerons pas pour cela qu'elles soient infinies, mais nous les estimerons seulement indéfinies. Ainsi, parce que nous ne saurions imaginer une étendue si grande que nous ne concevions en même temps qu'il y en peut avoir une plus grande, nous dirons que l'étendue des choses possibles est indéfinie; et parce qu'on ne saurait diviser un corps en des parties si petites que chacune de ces parties ne puisse être divisée en d'autres plus petites, nous penserons que la quantité peut être divisée en

---

1. Cette difficulté cependant, Descartes va la lever par la distinction qu'il va faire entre l'infini et l'indéfini.
Cf. *Réponses aux troisièmes Observations*, n° 33. Voyez aussi PASCAL, *De l'Esprit géométrique*, et FÉNELON, *Traité de l'Existence de Dieu*, IIe partie, ch. II.

des parties dont le nombre est indéfini; et parce que nous ne saurions imaginer tant d'étoiles que Dieu n'en puisse créer davantage, nous supposerons que leur nombre est indéfini, et ainsi du reste.

27. *Quelle différence il y a entre* indéfini *et* infini.

Et nous appellerons ces choses *indéfinies* plutôt qu'*infinies*, afin de réserver à Dieu seul le nom d'*infini;* tant à cause que nous ne remarquons point de bornes en ses perfections, comme aussi à cause que nous sommes très assurés qu'il n'y en peut avoir. Pour ce qui est des autres choses, nous savons qu'elles ne sont pas ainsi absolument parfaites, parce qu'encore que nous y remarquions quelquefois des propriétés qui nous semblent n'avoir point de limites, nous ne laissons pas de connaître que cela procède du défaut de notre entendement, et non point de leur nature.

28. *Qu'il ne faut point examiner pour quelle fin Dieu a fait chaque chose, mais seulement par quel moyen il a voulu qu'elle fût produite.*

Nous ne nous arrêterons pas aussi à examiner les fins que Dieu s'est proposées en créant le monde, et nous rejetterons entièrement de notre philosophie la recherche des causes finales[1] : car nous ne devons pas tant présumer de nous-mêmes que de croire que Dieu nous ait voulu faire part de

---

1. « Ce genre de causes qu'on a coutume de tirer de la fin n'est d'aucun usage dans les choses physiques et naturelles : car il ne me semble pas que je puisse sans témérité rechercher et entreprendre de découvrir les fins impénétrables de Dieu. (IV° *Méditation*, 5.)

On a vu dans ce dernier texte, avec l'addition des mots *naturelles* et *impénétrables* que Descartes a faite à son premier texte latin, la préoccupation de ne pas paraître réprouver absolument les causes finales. Descartes, dit-on d'habitude, les exclut des sciences physiques et naturelles, mais les conserve en métaphysique. Dans le texte ci-dessus des Principes, il faut remarquer, au contraire, les mots si peu ambigus : *Nous rejetterons entièrement de notre philosophie.*

Fénelon voit l'action de Dieu dans les adaptations et les harmonies merveilleuses de la nature. Descartes et Malebranche se contentent de la voir dans la simplicité et dans la fécondité qu'il a imposées aux mouvements de l'univers.

ses conseils ; mais, le considérant comme l'auteur de toutes choses, nous tâcherons seulement de trouver, par la faculté de raisonner qu'il a mise en nous, comment celles que nous apercevons par l'entremise de nos sens ont pu être produites; et nous serons assurés, par ceux de ses attributs dont il a voulu que nous ayons quelque connaissance, que ce que nous aurons une fois aperçu clairement et distinctement appartenir à la nature de ces choses, a la perfection d'être vrai.

29. *Que Dieu n'est point la cause de nos erreurs.*

Et le premier de ses attributs qui semble devoir être ici considéré, consiste en ce qu'il est très véritable et la source de toute lumière, de sorte qu'il n'est pas possible qu'il nous trompe, c'est-à-dire qu'il soit directement la cause des erreurs auxquelles nous sommes sujets, et que nous expérimentons en nous-mêmes : car, encore que l'adresse à pouvoir tromper semble être une marque de subtilité d'esprit entre les hommes, néanmoins jamais la volonté de tromper ne procède que de malice ou de crainte et de faiblesse, et par conséquent ne peut être attribuée à Dieu.

30. *Et que par conséquent tout cela est vrai, que nous connaissons clairement être vrai, ce qui nous délivre des doutes ci-dessus proposés.*

D'où il suit que la faculté de connaître qu'il nous a donnée, que nous appelons *lumière naturelle*, n'aperçoit jamais aucun objet qui ne soit vrai en ce qu'elle l'aperçoit, c'est-à-dire en ce qu'elle le connaît clairement et distinctement[1]; parce que nous aurions sujet de croire que Dieu serait trompeur, s'il nous l'avait donnée telle que nous prissions le faux pour le vrai lorsque nous en usons bien. Et cette considération seule nous doit délivrer de ce doute hyperbolique où nous avons été pendant que nous ne savions pas

---

1. Lorsque nous avons des idées confuses, ces idées viennent ou de l'imperfection générale de notre nature ou d'un défaut d'attention imputable à notre volonté. Il n'en est pas de même quand nous avons quelque idée claire et distincte. Si alors nous nous trompions, la faute en serait à l'Auteur de notre être, ce qui est impossible. Donc, toutes les fois que nous avons une idée claire et distincte, nous sommes assurés d'être dans le vrai.

encore si Celui qui nous a créés avait pris plaisir à nous faire tels, que nous fussions trompés en toutes les choses qui nous semblent très claires. Elle nous doit servir aussi contre toutes les autres raisons que nous avions de douter, et que j'ai alléguées ci-dessus ; même les vérités de mathématiques ne nous seront plus suspectes, à cause qu'elles sont très évidentes ; et si nous apercevons quelque chose par nos sens, soit en veillant soit en dormant, pourvu que nous séparions ce qu'il y a de clair et de distinct en la notion que nous aurons de cette chose de ce qui sera obscur et confus, nous pouvons facilement nous assurer de ce qui sera vrai. Je ne m'étends pas ici davantage sur ce sujet, parce que j'en ai amplement traité dans les Méditations de ma métaphysique, et ce qui suivra tantôt servira encore à l'expliquer mieux.

31. *Que nos erreurs au regard de Dieu ne sont que des négations, mais au regard de nous sont des privations ou des défauts.*

Mais parce qu'il arrive que nous nous méprenons souvent, quoique Dieu ne soit pas trompeur, si nous désirons rechercher la cause de nos erreurs, et en découvrir la source, afin de les corriger, il faut que nous prenions garde qu'elles ne dépendent pas tant de notre entendement comme de notre volonté, et qu'elles ne sont pas des choses ou des substances qui aient besoin du concours actuel de Dieu pour être produites ; en sorte qu'elles ne sont à son égard que des négations, c'est-à-dire qu'il ne nous a pas donné tout ce qu'il pouvait nous donner, et que nous voyons par même moyen qu'il n'était point tenu de nous donner ; au lieu qu'à notre égard elles sont des défauts et des imperfections[1].

32. *Qu'il n'y a en nous que deux sortes de pensées, à savoir la perception de l'entendement et l'action de la volonté.*

Car toutes les façons de penser[2] que nous remarquons en nous peuvent être rapportées à deux générales, dont l'une

---

1. Ainsi, c'est Dieu qui nous donne la vérité ; c'est nous qui faisons l'erreur. On va voir le développement de cette idée dans les paragraphes qui suivent.
2. Le mot est pris dans son sens général, déjà expliqué plus haut. Voir n° 9, note 2.
3.

consiste à apercevoir par l'entendement, et l'autre à se déterminer par la volonté. Ainsi, sentir, imaginer et même concevoir des choses purement intelligibles, ne sont que des façons différentes d'apercevoir; mais désirer, avoir de l'aversion, assurer, nier, douter, sont des façons différentes de vouloir.

33. *Que nous ne nous trompons que lorsque nous jugeons de quelque chose qui ne nous est pas assez connue.*

Lorsque nous apercevons quelque chose, nous ne sommes point en danger de nous méprendre si nous n'en jugeons en aucune façon; et quand même nous en jugerions, pourvu que nous ne donnions notre consentement qu'à ce que nous connaissons clairement et distinctement devoir être compris en ce dont nous jugeons, nous ne saurions non plus faillir[1]; mais ce qui fait que nous nous trompons ordinairement est que nous jugeons bien souvent, encore que nous n'ayons pas une connaissance bien exacte de ce dont nous jugeons.

34. *Que la volonté aussi bien que l'entendement est requise pour juger.*

J'avoue que nous ne saurions juger de rien, si notre entendement n'y intervient, parce qu'il n'y a pas d'apparence que notre volonté se détermine sur ce que notre entendement n'aperçoit en aucune façon; mais comme la volonté est absolument nécessaire[2], afin que nous donnions notre

---

1. Assurément quand nous n'affirmons rien, nous ne nous trompons pas. Mais cet état de suspension absolue du jugement est un état fictif. Il est dans la tendance de notre esprit de juger ce que nous apercevons, selon que nous l'apercevons; et en fait, nous cédons incessamment à cette tendance.

2. Il est impossible de nier que le jugement ne soit un *acte* de l'esprit, et que, par conséquent, la volonté n'y intervienne. Elle n'y intervient pas toujours de la même façon : dans la détermination de nos opinions comme dans celle de notre conduite, elle est tantôt irréfléchie, tantôt hésitante; et elle ne saurait toujours être considérée comme également responsable, parce qu'elle n'est pas toujours également maîtresse d'elle-même. Descartes n'a point fait cette analyse; il regarde, au contraire, la volonté comme *un indivisible*, et il estime « que sa nature est telle qu'on ne saurait rien lui ôter sans la détruire ». Voir IVe *Méditation*, 13.

consentement à ce que nous avons aucunement[1] aperçu, et qu'il n'est pas nécessaire, pour faire un jugement tel quel, que nous ayons une connaissance entière et parfaite; de là vient que bien souvent nous donnons notre consentement à des choses dont nous n'avons jamais eu qu'une connaissance fort confuse[2].

35. *Qu'elle a plus d'étendue que lui, et que de là viennent nos erreurs.*

De plus, l'entendement ne s'étend qu'à ce peu d'objets qui se présentent à lui, et sa connaissance est toujours fort limitée; au lieu que la volonté en quelque sens peut sembler infinie, parce que nous n'apercevons rien qui puisse être l'objet de quelque autre volonté, même de cette immense qui est en Dieu, à quoi la nôtre ne puisse aussi s'étendre; ce qui est cause que nous la portons ordinairement au delà de ce que nous connaissons clairement et distinctement; et lorsque nous en abusons de la sorte, ce n'est pas merveille s'il nous arrive de nous méprendre.

36. *Lesquelles ne peuvent être imputées à Dieu.*

Or, quoique Dieu ne nous ait pas donné un entendement tout-connaissant, nous ne devons pas croire pour cela qu'il soit l'auteur de nos erreurs, parce que tout entendement créé est fini, et qu'il est de la nature de l'entendement fini de n'être pas tout-connaissant[3].

---

1. *Aucunement* est pris ici dans le sens affirmatif : dans une certaine mesure, jusqu'à un certain point... — Cette acception a vieilli; et cependant Littré fait observer avec raison que le sens primitif des mots *aucun* et *aucunement* était bien un sens positif.

2. Ainsi Descartes ne dit pas, ce qui serait insoutenable, que la volonté dépasse les bornes de la connaissance en général (car nous ne voulons rien sans avoir quelque idée de ce que nous voulons); mais il dit qu'en beaucoup de cas elle dépasse la connaissance *claire et distincte*.

3. En effet, nous connaissons notre imperfection, et, dit Descartes, nous savons de quelle manière précise cette imperfection va à l'erreur : c'est donc à nous à la préserver, par la suspension du jugement, par le doute provisoire, etc. Dieu ne pouvait pas ne pas nous faire faillibles; mais nos fautes néanmoins sont de nous.

37. *Que la principale perfection de l'homme est d'avoir un libre arbitre, et que c'est ce qui le rend digne de louange ou de blâme.*

Au contraire, la volonté étant de sa nature très étendue, ce nous est un avantage très grand de pouvoir agir par son moyen, c'est-à-dire librement; en sorte que nous soyons tellement les maîtres de nos actions, que nous sommes dignes de louange lorsque nous les conduisons bien : car, tout ainsi qu'on ne donne point aux machines qu'on voit se mouvoir en plusieurs façons diverses, aussi justement qu'on saurait désirer, des louanges qui se rapportent véritablement à elles, parce que ces machines ne représentent aucune action qu'elles ne doivent faire par le moyen de leurs ressorts, et qu'on en donne à l'ouvrier qui les a faites, parce qu'il a eu le pouvoir et la volonté de les composer avec tant d'artifice : de même on doit nous attribuer quelque chose de plus, de ce que nous choisissons ce qui est vrai[1], lorsque nous le distinguons d'avec le faux par une détermination de notre volonté, que si nous y étions déterminés et contraints par un principe étranger.

38. *Que nos erreurs sont des défauts de notre façon d'agir, mais non point de notre nature; et que les fautes des sujets peuvent souvent être attribuées aux autres maîtres, mais non point à Dieu.*

Il est bien vrai que toutes les fois que nous faillons, il y a du défaut en notre façon d'agir ou en l'usage de notre liberté; mais il n'y a point pour cela de défaut en notre nature, à cause qu'elle est toujours la même, quoique nos jugements soient vrais ou faux. Et quand Dieu aurait pu nous donner une connaissance si grande que nous n'eussions jamais été sujets à faillir, nous n'avons aucun droit pour cela de nous plaindre de lui : car, encore que parmi nous celui qui a pu empêcher un mal et ne l'a pas empêché

---

1. Ainsi Descartes reconnaît que nous avons du mérite à adhérer au vrai, et que, par conséquent, la liberté est pour quelque chose dans la certitude même de la vérité. Elle ne fait pas la vérité objective, sans doute, mais elle contribue à faire cet état subjectif et spirituel qu'on appelle l'*idée vraie*, comme elle contribue à faire l'idée fausse ou le jugement erroné.

en soit blâmé et jugé comme coupable, il n'en est pas de même à l'égard de Dieu, d'autant que le pouvoir que les hommes ont les uns sur les autres est institué afin qu'ils empêchent de mal faire ceux qui leur sont inférieurs, et que la toute-puissance que Dieu a sur l'univers[1] est très absolue et très libre. C'est pourquoi nous devons le remercier des biens qu'il nous a faits, et non point nous plaindre de ce qu'il ne nous a pas avantagés de ceux que nous connaissons qui nous manquent, et qu'il aurait peut-être pu nous départir.

39. *Que la liberté de notre volonté se connaît sans preuve, par la seule expérience que nous en avons.*

Au reste, il est si évident que nous avons une volonté libre, qui peut donner son consentement ou ne le pas donner quand bon lui semble, que cela peut être compté pour une de nos plus communes notions. Nous en avons eu ci-devant une preuve bien claire : car, au même temps que nous doutions de tout, et que nous supposions même que Celui qui nous a créés employait son pouvoir à nous tromper en toutes façons, nous apercevions en nous une liberté si grande, que nous pouvions nous empêcher de croire ce que nous ne connaissions pas encore parfaitement bien. Or, ce que nous apercevions distinctement, et dont nous ne pouvions douter pendant une suspension si générale, est aussi certain qu'aucune autre chose que nous puissions jamais connaître[2].

---

1. « Sur l'univers. » On sait que pour Descartes non seulement les lois physiques, mais les vérités éternelles elles-mêmes sont comme autant de décrets de la souveraineté divine. « Les vérités métaphysiques, écrit-il au P. Mersenne, lesquelles vous nommez *éternelles*, ont été établies de Dieu et en dépendent entièrement, aussi bien que tout le reste des créatures : c'est, en effet, parler de Dieu comme d'un Jupiter et d'un Saturne et l'assujettir au Styx et aux destinées que de dire que ces vérités sont indépendantes de lui. Ne craignez point, je vous prie, d'annoncer et de publier que c'est Dieu qui a établi ces lois en la nature ainsi qu'un roi établit les lois en son royaume. » *Œuvres complètes*, éd. Cousin, tome VI, p. 109.

2. Il peut paraître étonnant que Descartes cherche de préférence dans l'assentiment et dans le jugement des exemples de notre liberté, plutôt que d'en chercher dans nos actes. Ce n'est point par hasard qu'il le fait, puisque, pour lui, notre conduite dépend

40. *Que nous savons aussi très certainement que Dieu a préordonné toutes choses.*

Mais, à cause que ce que nous avons connu de Dieu nous assure que sa puissance est si grande que nous ferions un crime de penser que nous eussions jamais été capables de faire aucune chose qu'il ne l'eût auparavant ordonnée, nous pourrions aisément nous embarrasser en des difficultés très grandes, si nous entreprenions d'accorder la liberté de notre volonté avec ses ordonnances, et si nous tâchions de comprendre, c'est-à-dire d'embrasser et comme limiter [1] avec notre entendement toute l'étendue de notre libre arbitre et l'ordre de la Providence éternelle.

41. *Comment on peut accorder notre libre arbitre avec la préordination divine.*

Au lieu que nous n'aurons point du tout de peine à nous en délivrer, si nous remarquons que notre pensée est finie, et que la toute-puissance de Dieu, par laquelle il a non seulement connu de toute éternité ce qui est ou qui peut être, mais il l'a aussi voulu, est infinie. Ce qui fait que nous avons bien assez d'intelligence pour connaître clairement et distinctement que cette puissance est en Dieu; mais que nous n'en avons pas assez pour comprendre tellement son étendue que nous puissions savoir comment elle laisse les actions des hommes entièrement libres et indéterminées; et que d'autre côté nous sommes aussi tellement assurés de la liberté et de l'indifférence [2] qui est en nous, qu'il n'y a rien que nous

de nos jugements : « Notre volonté, dit-il dans la IIIe partie du *Discours de la Méthode*, ne se portant à suivre ou à faire aucune chose que selon que notre entendement la lui représente bonne ou mauvaise, il suffit de bien juger pour bien faire. » C'est de notre attention plus ou moins parfaite que nous sommes responsables : le reste en suit nécessairement.

1. Remarquez comment Descartes explique ici le vrai sens du mot *comprendre*, qu'il ne faut pas confondre avec *concevoir*. Ce qui est incompréhensible est donc ce qu'on ne peut ni embrasser dans son entier ni limiter, mais n'est pas par là même inconcevable.

2. C'est-à-dire ici de l'absence de contrainte et de nécessité, de l'absence d'une détermination antécédente et étrangère à nous. Descartes dira ailleurs que l'état d'indifférence est le plus bas degré de la liberté : il prendra alors le mot dans un sens un peu

connaissions plus clairement ; de façon que la toute-puissance de Dieu ne nous doit point empêcher de la croire. Car nous aurions tort de douter de ce que nous apercevons intérieurement et que nous savons par expérience être en nous, parce que nous ne comprenons pas une autre chose que nous savons être incompréhensible de sa nature.

42. *Comment, encore que nous ne voulions jamais faillir, c'est néanmoins par notre volonté que nous faillons.*

Mais, parce que nous savons que l'erreur dépend de notre volonté, et que personne n'a la volonté de se tromper, on s'étonnera peut-être qu'il y ait de l'erreur en nos jugements. Mais il faut remarquer qu'il y a bien de la différence entre vouloir être trompé et vouloir donner son consentement à des opinions qui sont cause que nous nous trompons quelquefois[1]. Car, encore qu'il n'y ait personne qui veuille expressément se méprendre, il ne s'en trouve presque pas un qui ne veuille donner son consentement à des choses qu'il ne connaît pas distinctement : et même il arrive souvent que c'est le désir de connaître la vérité qui fait que ceux qui ne savent pas l'ordre qu'il faut tenir pour la rechercher manquent de la trouver et se trompent, à cause qu'il les incite à précipiter leurs jugements et à prendre ces choses pour vraies, desquelles ils n'ont pas assez de connaissance[2].

different. Il parlera de l'indifférence où l'âme demeure quelquefois à l'égard des actions et des jugements entre lesquels il faut qu'elle choisisse : cette indifférence-là tient d'habitude à l'ignorance, et il est impossible, en effet, de prétendre que l'ignorance puisse accroître la liberté. Descartes explique lui-même ces deux sens du mot dans une lettre au P. Mersenne, Lettres XLVII et XLVIII. (Édit. Garnier, tome IV, p. 135 et suivantes.)

1. On peut dire aussi que nous ne voulons pas le mal pour le mal ; mais nous voulons le plaisir, le repos, la réputation, les honneurs ; et, à force de considérer ces biens partiels ou apparents, nous perdons de vue le bien plus réel dont ils nous détournent ; nous cessons de voir tel qu'il est le mal auquel ils nous invitent.

2. Cf. MALEBRANCHE, *Recherche de la Vérité* (Ire partie) : « L'erreur, comme nous avons déjà dit plusieurs fois, ne consiste donc que dans un consentement précipité de la volonté, qui se laisse éblouir à quelques fausses lueurs, et qui, au lieu de conserver sa liberté autant qu'elle le peut, se repose avec négligence dans l'apparence de la vérité. »

43. *Que nous ne saurions faillir en ne jugeant que des choses que nous apercevons clairement et distinctement.*

Mais il est certain que nous ne prendrons jamais le faux pour le vrai tant que nous ne jugerons que de ce que nous apercevons clairement et distinctement; parce que, Dieu n'étant point trompeur, la faculté de connaître qu'il nous a donnée ne saurait faillir, ni même la faculté de vouloir, lorsque nous ne l'étendons point au delà de ce que nous connaissons. Et quand même cette vérité n'aurait pas été démontrée, nous sommes naturellement si enclins à donner notre consentement aux choses que nous apercevons manifestement, que nous n'en saurions douter pendant que nous les apercevons de la sorte[1].

44. *Que nous ne saurions que mal juger de ce que nous n'apercevons pas clairement, bien que notre jugement puisse être vrai, et que c'est souvent notre mémoire qui nous trompe.*

Il est aussi très certain que toutes les fois que nous approuvons quelque raison dont nous n'avons pas une connaissance bien exacte, ou que nous nous trompons, ou si nous trouvons la vérité, comme ce n'est que par le hasard, que nous ne saurions être assurés de l'avoir rencontrée, et ne saurions savoir certainement que nous ne nous trompons point. J'avoue qu'il arrive rarement que nous jugions d'une chose en même temps que nous remarquons que nous ne la connaissons pas assez distinctement; à cause que la raison naturellement nous dicte que nous ne devons jamais juger de rien que de ce que nous connaissons distinctement auparavant que de juger. Mais nous nous trompons souvent parce que nous présumons avoir autrefois connu plusieurs choses, et que tout aussitôt qu'il nous en souvient nous y donnons notre consentement, de même que si nous les avions suffisamment examinées, bien qu'en effet nous n'en ayons jamais eu une connaissance bien exacte[2].

1. Mais souvent nous cessons de considérer ce que nous avions vu clairement et distinctement. C'est dans ces moments d'oubli, suivant Descartes, que nous nous trompons, et que nous nous égarons le plus aisément. Descartes va l'expliquer dans le paragraphe suivant.
2. Cf. *Lettre* XLVIII déjà citée : « Je ne vois point que pour

45. *Ce que c'est qu'une perception claire et distincte.*

Il y a même des personnes qui en toute leur vie n'aperçoivent rien comme il faut pour en bien juger : car la connaissance sur laquelle on peut établir un jugement indubitable doit être non seulement claire, mais aussi distincte. J'appelle *claire* celle qui est présente et manifeste à un esprit attentif : de même que nous disons voir clairement les objets, lorsque, étant présents à nos yeux, ils agissent assez fort sur eux, et qu'ils sont disposés à les regarder; et distincte, celle qui est tellement précise et différente de toutes les autres, qu'elle ne comprend en soi que ce qui paraît manifestement à celui qui la considère comme il faut.

46. *Qu'elle peut être claire sans être distincte, mais non au contraire.*

Par exemple, lorsque quelqu'un sent une douleur cuisante, la connaissance qu'il a de cette douleur est claire à son égard, et n'est pas pour cela toujours distincte, parce qu'il la confond ordinairement avec le faux jugement qu'il fait sur la nature de ce qu'il pense être la partie blessée, qu'il croit être semblable à l'idée ou au sentiment de la douleur qui est en sa pensée[1], encore qu'il n'aperçoive rien clairement que le sentiment ou la pensée confuse qui est en lui. Ainsi la connaissance peut quelquefois être claire sans être distincte; mais elle ne peut jamais être distincte qu'elle ne soit claire par même moyen.

---

mal faire [pour être coupable et responsable] il soit besoin de voir clairement que ce que nous faisons est mauvais; il suffit de le voir confusément ou seulement de se souvenir qu'on a jugé autrefois que cela l'était sans le voir en aucune façon [en quelque façon], c'est-à-dire sans avoir attention aux raisons qui le prouvent : car si nous le voyions si clairement, il nous serait impossible de pêcher pendant que nous le verrions en cette sorte; c'est pourquoi on dit que *omnis peccans est ignorans*. » Et Descartes continue en disant que c'est, d'autre part, une bonne action que de faire attention....

1. Descartes est un des premiers philosophes qui aient nié que nos sensations (de lumière, de son, de chaleur....) correspondissent à autant de *qualités sensibles* de la matière; mais il ne nie pas, comme on l'a prétendu, qu'il n'y ait dans les objets quelque chose d'apte à éveiller en nous les sensations. — Voyez plus bas 66 et 67.

47. *Que pour ôter les préjugés de notre enfance il faut considérer ce qu'il y a de clair en chacune de nos premières notions.*

Or, pendant nos premières années, notre âme ou notre pensée était si fort offusquée du corps, qu'elle ne connaissait rien distinctement, bien qu'elle aperçût plusieurs choses assez clairement; et parce qu'elle ne laissait pas de faire cependant une réflexion telle quelle sur les choses qui se présentaient, et d'en juger témérairement, nous avons rempli notre mémoire de beaucoup de préjugés, dont nous n'entreprenons presque jamais de nous délivrer[1], encore qu'il soit très certain que nous ne saurions autrement les bien examiner. Mais, afin que nous puissions maintenant nous en délivrer sans beaucoup de peine, je ferai ici un dénombrement de toutes les notions simples qui composent nos pensées, et séparerai ce qu'il y a de clair en chacune d'elles, et ce qu'il y a d'obscur, ou en quoi nous pouvons faillir.

48. *Que tout ce dont nous avons quelque notion est considéré comme une chose ou comme une vérité : et le dénombrement des choses.*

Je distingue tout ce qui tombe sous notre connaissance en deux genres : le premier contient toutes les choses qui ont quelque existence, et l'autre toutes les vérités qui ne sont rien hors de notre pensée. Touchant les choses, nous avons premièrement certaines notions générales qui se peuvent rapporter à toutes, savoir celles que nous avons de la substance, de la durée, de l'ordre et du nombre, et peut-être aussi quelques autres ; puis nous en avons aussi de plus particulières, qui servent à les distinguer. Et la principale distinction que je remarque entre toutes les choses créées est que les unes sont intellectuelles, c'est-à-dire sont des substances intelligentes, ou bien des propriétés qui appartiennent à ces substances; et les autres sont corporelles, c'est-à-dire sont des corps, ou bien des propriétés qui appartiennent au corps. Ainsi l'entendement, la volonté, et toutes les façons de connaître et de vouloir, appartiennent à la substance qui

---

1. De nous délivrer provisoirement, comme il a été expliqué bien des fois.

pense; la grandeur ou l'étendue en longueur, largeur et profondeur, la figure, le mouvement, la situation des parties, et la disposition qu'elles ont à être divisées, et telles autres propriétés, se rapportent au corps[1]. Il y a encore outre cela certaines choses que nous expérimentons en nous-mêmes qui ne doivent point être attribuées à l'âme seule, ni aussi au corps seul, mais à l'étroite union qui est entre eux, ainsi que j'expliquerai ci-après : tels sont les appétits de boire et de manger, etc., comme aussi les émotions ou les passions de l'âme qui ne dépendent pas de la pensée seule, comme l'émotion à la colère, à la joie, à la tristesse, à l'amour, etc.; tels sont, enfin, tous les tourments, comme la douleur, le chatouillement, la lumière, les couleurs, les sons, les odeurs, le goût, la chaleur, la dureté et toutes les autres qualités qui ne tombent que sous le sens de l'attouchement[2].

49. *Que les vérités ne peuvent aussi être dénombrées, et qu'il n'en est pas besoin.*

Jusqu'ici j'ai dénombré tout ce que nous connaissons comme des choses, il reste à parler de ce que nous connaissons comme des vérités. Par exemple, lorsque nous pensons qu'on ne saurait faire quelque chose de rien, nous ne croyons point que cette proposition soit une chose qui existe ou la propriété de quelque chose, mais nous la prenons pour une certaine vérité éternelle qui a son siège en notre pensée, et que l'on nomme une *notion commune* ou une *maxime* : tout de même quand on dit qu'il est impossible qu'une même chose soit et ne soit pas en même temps, que ce qui a été fait ne peut n'être pas fait, que celui qui pense ne peut manquer d'être ou d'exister pendant qu'il pense, et quantité d'autres semblables[3], ce sont seulement des vérités, et

---

1. C'est ici la célèbre division cartésienne qui ne reconnaît que des choses pensantes et des choses étendues.
2. Descartes reconnaît des *choses* ou des états qui sont mixtes, et qui appartiennent à la fois à l'âme et au corps; mais il faut remarquer que lorsqu'il les analyse, il y voit, ici des pensées, là des mouvements organiques, et qu'il demeure ainsi très fidèle à la division qu'il vient d'exposer.
3. Tous les historiens et les critiques (notamment M. F. Bouillier) ont remarqué que Descartes se borne à propos des idées innées et

non pas des choses qui soient hors de notre pensée, et il y en a un si grand nombre de telles qu'il serait malaisé de les démembrer; mais aussi n'est-il pas nécessaire, parce que nous ne saurions manquer de les savoir lorsque l'occasion se présente de penser à elles, et que nous n'avons point de préjugés qui nous aveuglent.

50. *Que toutes ces vérités peuvent être clairement aperçues, mais non pas de tous, à cause des préjugés.*

Pour ce qui est des vérités qu'on nomme des *notions communes*, il est certain qu'elles peuvent être connues de plusieurs très clairement et très distinctement : car autrement elles ne mériteraient pas d'avoir ce nom; mais il est vrai aussi qu'il y en a qui le méritent au regard de quelques personnes, et qui ne le méritent point au regard des autres, à cause qu'elles ne leur sont pas assez évidentes. Non pas que je croie que la faculté de connaître, qui est en quelques hommes, s'étende plus loin que celle qui est communément en tous; mais c'est plutôt qu'il y a des personnes qui ont imprimé de longue main des opinions en leur créance, qui, étant contraires à quelques-unes de ces vérités, empêchent qu'ils ne les puissent apercevoir, bien qu'elles soient fort manifestes à ceux qui ne sont point ainsi préoccupés.

51. *Ce que c'est que la substance; et que c'est un nom qu'on ne peut attribuer à Dieu et aux créatures en même sens.*

Pour ce qui est des choses que nous considérons comme ayant quelque existence, il est besoin que nous les examinions ici l'une après l'autre, afin de distinguer ce qui est obscur d'avec ce qui est évident en la notion que nous avons de chacune. Lorsque nous concevons la substance, nous concevons seulement une chose qui existe en telle façon qu'elle n'a besoin que de soi-même pour exister. En quoi il peut y avoir de l'obscurité touchant l'explication de ce mot, *n'avoir besoin que de soi-même* : car, à proprement parler, il n'y a que Dieu[1] qui soit tel, et il n'y a aucune

---

des principes de la raison à une énumération vague et incertaine. C'est Leibniz qui, le premier ramènera très clairement ces principes à deux : le principe de contradiction et le principe de raison suffisante.

1. La pensée de Descartes est ici parfaitement claire. La qualité,

chose créée qui puisse exister un seul moment sans être soutenue et conservée par sa puissance. C'est pourquoi on a raison dans l'école de dire que le nom de *substance* n'est pas *univoque*[1] au regard de Dieu et des créatures, c'est-à-dire qu'il n'y a aucune signification de ce mot que nous concevions distinctement, laquelle convienne en même sens à lui et à elles ; mais, parce qu'entre les choses créées, quelques-unes sont de telle nature qu'elles ne peuvent exister sans quelques autres, nous les distinguons d'avec celles qui n'ont besoin que du concours ordinaire de Dieu, en nommant celles-ci des substances, et celles-là des qualités ou des attributs de ces substances.

52. *Qu'il peut être attribué à l'âme et au corps en même sens, et comment on connaît la substance.*

Et la notion que nous avons ainsi de la substance créée se rapporte en même façon à toutes, c'est-à-dire à celles qui sont immatérielles comme à celles qui sont matérielles ou corporelles : car, pour entendre que ce sont des substances, il faut seulement que nous apercevions qu'elles peuvent exister sans l'aide d'aucune chose créée. Mais lorsqu'il est question de savoir si quelqu'une de ces substances existe véritablement, c'est-à-dire si elle est à présent dans le monde, ce n'est pas assez qu'elle existe en cette façon pour faire que nous l'apercevions : car cela seul ne nous découvre rien qui excite quelque connaissance particulière en notre pensée, il faut, outre cela, qu'elle ait quelques attributs que nous puissions remarquer ; et il n'y en a aucun qui ne suffise pour cet effet, à cause que l'une de ces notions communes est que le néant ne peut avoir aucuns attributs ni propriétés ou qualités : c'est pourquoi, lorsqu'on en rencontre quelqu'un, on a raison de conclure qu'il est l'attribut de quelque substance, et que cette substance existe.

par exemple la blancheur, n'existe pas en elle-même, elle existe dans un sujet, comme un cheval blanc, un lis blanc, du papier blanc. La substance, c'est le sujet lui-même. Voilà simplement ce que Descartes veut dire. Il n'a nullement entendu sa définition comme l'a entendue Spinoza, qui, répète-t-on depuis deux siècles, en a fait sortir l'unité de substance ou le panthéisme.

1. C'est-à-dire entendu dans le même sens.

53. *Que chaque substance a un attribut principal, et que celui de l'âme est la pensée, comme l'extension est celui du corps.*

Mais, encore que tout attribut soit suffisant pour faire connaître la substance, il y en a toutefois un en chacune qui constitue sa nature et son essence, et de qui toutes les autres dépendent. A savoir l'étendue en longueur, largeur et profondeur, constitue la nature de la substance corporelle; et la pensée constitue la nature de la substance qui pense. Car tout ce que d'ailleurs on peut attribuer au corps présuppose de l'étendue, et n'est qu'une dépendance de ce qui est étendu; de même, toutes les propriétés que nous trouvons en la chose qui pense ne sont que des façons différentes de penser[1]. Ainsi nous ne saurions concevoir, par exemple, de figure, si ce n'est en une chose étendue, ni de mouvement qu'en un espace qui est étendu, ainsi l'imagination, le sentiment et la volonté dépendent tellement d'une chose qui pense que nous ne les pouvons concevoir sans elle. Mais, au contraire, nous pouvons concevoir l'étendue sans figure ou sans mouvement, et la chose qui pense sans imagination ou sans sentiment, et ainsi du reste.

54. *Comment nous pouvons avoir des pensées distinctes de la substance qui pense, de celle qui est corporelle et de Dieu.*

Nous pouvons donc avoir deux notions ou idées claires et distinctes, l'une d'une substance créée qui pense, et l'autre d'une substance étendue, pourvu que nous séparions soigneusement tous les attributs de la pensée d'avec les attributs de l'étendue. Nous pouvons avoir aussi une idée claire et distincte d'une substance incréée qui pense et qui est indépendante, c'est-à-dire d'un Dieu, pourvu que nous ne pensions pas que cette idée nous représente tout ce qui est en lui, et que nous n'y mêlions rien par une fiction de notre entendement; mais que nous prenions garde seulement à ce qui est compris véritablement en la notion distincte que nous avons de lui, et que nous savons appartenir à la nature

---

1. On voit ici l'excès de simplification: plus de force dans la matière, plus d'activité ou de sensibilité distinctes de la pensée dans l'âme. Les faits les plus complexes de la volonté se réduisent à des mouvements physiques accompagnés de pensées.

d'un Être tout parfait. Car il n'y a personne qui puisse nier qu'une telle idée de Dieu soit en nous, s'il ne veut croire sans raison que l'entendement humain ne saurait avoir aucune connaissance de la Divinité.

55. *Comment nous en pouvons aussi avoir de la durée, de l'ordre et du nombre.*

Nous concevons aussi très distinctement ce que c'est que la durée, l'ordre et le nombre, si, au lieu de mêler dans l'idée que nous en avons ce qui appartient proprement à l'idée de la substance, nous pensons seulement que la durée de chaque chose est un mode ou une façon dont nous considérons cette chose en tant qu'elle continue d'être ; et que pareillement l'ordre et le nombre ne diffèrent pas en effet des choses ordonnées et nombrées[1], mais que ce sont seulement des façons sous lesquelles nous considérons diversement ces choses.

56. *Ce que c'est que qualité et attribut, et façon ou mode.*

Lorsque je dis ici *façon* ou *mode*, je n'entends rien que ce que je nomme ailleurs *attribut* ou *qualité*. Mais lorsque je considère que la substance en est autrement disposée ou diversifiée, je me sers particulièrement du nom de *mode* ou *façon* ; et lorsque, de cette disposition ou changement, elle peut être appelée telle, je nomme *qualités* les diverses façons qui font qu'elle est ainsi nommée ; enfin, lorsque je pense plus généralement que ces modes ou qualités sont en la substance, sans les considérer autrement que comme les dépendances de cette substance, je les nomme *attributs*. Et, parce que je ne dois concevoir en Dieu aucune variété ni changement, je ne dis pas qu'il y ait en lui des modes ou des qualités, mais plutôt des attributs ; et même dans les choses créées, ce qui se trouve en elles toujours de même sorte, comme l'existence et la durée en la chose qui existe et qui dure, je le nomme *attribut*, et non pas *mode* ou *qualité*[2].

---

1. « Les mots de *lieu* et d'*espace* ne signifient rien qui diffère véritablement du corps que nous disons être en quelque lieu, et nous marquent seulement sa grandeur, sa figure et comment il est situé dans les autres corps. » (IIe partie des *Principes*, n° 10.)

2. Ainsi l'étendue est l'attribut de la matière : la longueur, la largeur, la profondeur, sont des modes de l'étendue.

57. *Qu'il y a des attributs qui appartiennent aux choses auxquelles ils sont attribués, et d'autres qui dépendent de notre pensée.*

De ces qualités ou attributs, il y en a quelques-uns qui sont dans les choses mêmes, et d'autres qui ne sont qu'en notre pensée : ainsi, par exemple, le temps, que nous distinguons de la durée prise en général, et que nous disons être le nombre du mouvement, n'est rien qu'une certaine façon dont nous pensons à cette durée : car nous ne concevons point que la durée des choses qui sont mues soit autre que celle des choses qui ne le sont point : comme il est évident de ce que[1] si deux corps sont mus pendant une heure, l'un vite et l'autre lentement, nous ne comptons pas plus de temps en l'un qu'en l'autre, encore que nous supposions plus de mouvement en l'un de ces deux corps. Mais afin de comprendre la durée de toutes les choses sous une même mesure, nous nous servons ordinairement de la durée de certains mouvements réguliers qui font les jours et les années, et les nommons *temps*, après l'avoir ainsi comparée ; bien qu'en effet ce que nous nommons ainsi ne soit rien hors de la véritable durée des choses qu'une façon de penser[2].

58. *Que les nombres et les universaux dépendent de notre pensée.*

De même le nombre que nous considérons en général, sans faire réflexion sur aucune chose créée, n'est point hors de notre pensée, non plus que toutes ces autres idées générales que dans l'école on comprend sous le nom d'*universaux*.

59. *Quels sont les* universaux.

Qui se font de cela seul que nous nous servons d'une même

---

1. Comme cela est évident, comme cela ressort de ce fait, que.....
2. Ce que Descartes vient de décrire ici, on a pu s'en rendre compte aisément, est tout simplement le procédé de l'abstraction et de la généralisation. Le temps et l'espace n'ont donc point d'existence réelle : il y a des corps qui sont étendus et des esprits qui durent, puis une idée abstraite de l'étendue, que nous nommons *espace*, et une idée abstraite de la durée, que nous nommons *temps*.

idée pour penser à plusieurs choses particulières qui ont entre elles un certain rapport. Et lorsque nous comprenons sous un même nom les choses qui sont représentées par cette idée, ce nom est aussi universel. Par exemple, quand nous voyons deux pierres, et que, sans penser autrement à ce qui est de leur nature, nous remarquons seulement qu'il y en a deux, nous formons en nous l'idée d'un certain nombre que nous nommons le *nombre de deux*. Si, voyant ensuite deux oiseaux ou deux arbres, nous remarquons (sans penser aussi à ce qui est de leur nature) qu'il y en a deux, nous reprenons par ce même moyen la même idée que nous avions auparavant formée, et la rendons universelle; et le nombre aussi que nous nommons d'un nom universel le *nombre de deux*. De même, lorsque nous considérons une figure de trois côtés, nous formons une certaine idée que nous nommons l'*idée du triangle*, et nous nous en servons ensuite à nous représenter généralement toutes les figures qui n'ont que trois côtés. Mais, quand nous remarquons plus particulièrement que, des figures de trois côtés, les unes ont un angle droit, et que les autres n'en ont point, nous formons en nous une idée universelle du *triangle rectangle*, qui, étant rapportée à la précédente, qui est générale et plus universelle, peut être nommée *espèce*; et l'angle droit, la différence universelle par où les triangles rectangles diffèrent de tous les autres; de plus, si nous remarquons que le carré du côté qui soutient l'angle droit est égal aux carrés des deux autres côtés, et que cette propriété convient seulement à cette espèce de triangles, nous la pourrons nommer *propriété universelle des triangles rectangles*. Enfin, si nous supposons que, de ces triangles, les uns se meuvent, et que les autres ne se meuvent point, nous prendrons cela pour un accident universel en ces triangles; et c'est ainsi qu'on compte ordinairement cinq universaux, à savoir : le genre, l'espèce, la différence, le propre et l'accident.

60. *Des distinctions, et premièrement de celle qui est réelle.*

Pour ce qui est du nombre que nous remarquons dans les choses mêmes, il vient de la distinction qui est entre elles; or, il y a des distinctions de trois sortes; à savoir, une qui est *réelle*, une autre *modale*, et une autre qu'on appelle *distinction de raison* [1], et qui se fait par la pensée. La réelle se trouve proprement entre deux ou plusieurs substances. Car nous pouvons conclure que deux substances sont réellement distinctes l'une de l'autre de cela seul que nous en pouvons concevoir une clairement et distinctement sans penser à l'autre; parce que, suivant ce que nous connaissons de Dieu, nous sommes assurés qu'il peut faire tout ce dont nous avons une idée claire et distincte. C'est pourquoi, de ce que nous avons maintenant l'idée, par exemple, d'une substance étendue ou corporelle, bien que nous ne sachions pas encore certainement si une telle chose est à présent dans le monde, néanmoins, parce que nous en avons l'idée, nous pouvons conclure qu'elle peut être[2], et qu'en cas qu'elle existe, quelque partie que nous puissions déterminer de la pensée doit être distincte réellement de ses autres parties. De même, parce qu'un chacun de nous aperçoit en soi qu'il pense, et qu'il peut en pensant exclure de de soi ou de son âme toute autre substance ou qui pense ou qui est étendue, nous pouvons conclure aussi qu'un chacun de nous ainsi considéré est réellement distinct de toute autre substance qui pense, et de toute substance corporelle. Et quand Dieu même joindrait si étroitement un corps à une âme qu'il fût impossible de les unir davantage, et ferait un composé de ces deux substances ainsi unies, nous concevons aussi qu'elles demeureraient toutes deux réellement distinctes, nonobstant cette union; parce que, quelque liaison que Dieu ait mise entre elles, il n'a pu se défaire de la puissance qu'il avait de les séparer, ou bien de les conserver l'une sans l'autre, et que les choses que Dieu peut séparer ou conserver séparément les unes des autres sont réellement distinctes.

61. *De la distinction modale.*

Il y a deux sortes de distinction modale, à savoir : l'une entre le mode que nous avons appelé *façon* et la substance

---

1. Descartes va expliquer lui-même ces différentes expressions. Cf. les *Réponses aux quatrièmes Objections*, n°s 5, 6.
2. La pensée complète de Descartes est même celle-ci : nous pouvons de la seule idée de cette chose en déduire toutes les lois, sans en demander la connaissance à l'expérience. — Voyez dans

dont il dépend et qu'il diversifie ; et l'autre entre deux différentes façons d'une même substance[1]. La première est remarquable en ce que nous pouvons apercevoir clairement la substance sans la façon qui diffère d'elle en cette sorte ; mais que réciproquement nous ne pouvons avoir une idée distincte d'une telle façon sans penser à une telle substance. Il y a, par exemple, une distinction modale entre la figure ou le mouvement et la substance corporelle dont ils dépendent tous deux ; il y en a aussi entre assurer ou se ressouvenir et la chose qui pense. Pour l'autre sorte de distinction, qui est entre deux différentes façons d'une même substance, elle est remarquable en ce que nous pouvons connaître l'une de ces façons sans l'autre, comme la figure sans le mouvement, et le mouvement sans la figure ; mais que nous ne pouvons penser distinctement ni à l'une ni à l'autre que nous ne sachions qu'elles dépendent toutes deux d'une même substance. Par exemple, si une pierre est mue, et avec cela carrée, nous pouvons connaître sa figure carrée sans savoir qu'elle soit mue, et réciproquement nous pouvons savoir qu'elle est mue sans savoir si elle est carrée ; mais nous ne pouvons avoir une connaissance distincte de ce mouvement et de cette figure si nous ne connaissons qu'ils sont tous deux en une même chose, à savoir en la substance de cette pierre. Pour ce qui est de la distinction dont la façon d'une substance est différente d'une autre substance, comme le mouvement d'un corps est différent d'un autre corps ou d'une autre chose qui pense, ou bien comme le mouvement est différent du doute, il me semble qu'on la doit nommer *réelle* plutôt que *modale*, à cause que nous ne saurions connaître les modes sans les substances dont ils dépendent, et que les substances sont réellement distinctes les unes des autres [2].

62. *De la distinction qui se fait par la pensée.*

Enfin la distinction qui se fait par la pensée consiste en ce que nous distinguons quelquefois une substance de quel-

---

notre édition la VIe partie du *Discours de la Méthode*, notamment la page 73 et la note. Voyez aussi la Ve partie, p. 48 et 49.

1. En d'autres termes, la distinction modale est celle qui s'établit soit entre un mode et sa substance, soit entre un mode et un autre mode d'une même substance.

2. En effet, ces distinctions ne peuvent être expliquées que par

qu'un de ses attributs, sans lequel néanmoins il n'est pas possible que nous en ayons une connaissance distincte ; ou bien en ce que nous tâchons de séparer d'une même substance deux tels attributs, en pensant à l'un sans penser à l'autre[1]. Cette distinction est remarquable en ce que nous ne saurions avoir une idée claire et distincte d'une telle substance si nous lui ôtons un tel attribut; ou bien en ce que nous ne saurions avoir une idée claire et distincte de l'un de deux ou plusieurs tels attributs si nous le séparons des autres. Par exemple, à cause qu'il n'y a point de substance qui ne cesse d'exister lorsqu'elle cesse de durer, la durée n'est distincte de la substance que par la pensée, et généralement tous les attributs qui font que nous avons des pensées diverses d'une même chose, tels que sont, par exemple, l'étendue du corps et sa propriété d'être divisible en plusieurs parties, ne diffèrent du corps qui nous sert d'objet, et réciproquement l'un de l'autre, qu'à cause que nous pensons quelquefois confusément à l'un sans penser à l'autre. Il me souvient d'avoir mêlé la distinction qui se fait par la pensée avec la modale, sur la fin des réponses que j'ai faites aux premières objections qui m'ont été envoyées sur les Méditations de ma métaphysique ; mais cela ne répugne point à ce que j'écris ici, parce que, n'ayant pas dessein de traiter pour lors fort amplement de cette matière, il me suffisait de les distinguer toutes deux de la réelle.

63. *Comment on peut avoir des notions distinctes de l'extension et de la pensée, en tant que l'une constitue la nature du corps, et l'autre celle de l'âme.*

Nous pouvons aussi considérer la pensée et l'étendue comme les choses principales qui constituent la nature de la substance intelligente et corporelle; et alors nous ne devons point les concevoir autrement que comme la substance même qui pense et qui est étendue, c'est-à-dire comme l'âme et le corps : car nous les connaissons en cette

---

la distinction des substances auxquelles ces modes appartiennent. Or, la distinction des substances est une distinction *réelle*.

1. On reconnaît là ce que la psychologie moderne appelle *abstraction* : et on va reconnaître également ce qu'elle appelle le danger de *réaliser* des abstractions.

sorte très clairement et très distinctement[1]. Il est même plus aisé de connaître une substance qui pense ou une substance étendue que la substance toute seule, laissant à part si elle pense ou si elle est étendue ; parce qu'il y a quelque difficulté à séparer la notion que nous avons de la substance de celle que nous avons de la pensée et de l'étendue : car elles ne diffèrent de la substance que par cela seul que nous considérons quelquefois la pensée ou l'étendue sans faire réflexion sur la chose même qui pense ou qui est étendue. Et notre conception n'est pas plus distincte parce qu'elle comprend peu de choses, mais parce que nous discernons soigneusement ce qu'elle comprend, et que nous prenons garde à ne le point confondre avec d'autres notions[2] qui la rendraient plus obscure.

64. *Comment on peut aussi les concevoir distinctement en les prenant pour des modes ou attributs de ces substances.*

Nous pouvons considérer aussi la pensée et l'étendue comme des modes ou des façons différentes qui se trouvent en la substance ; c'est-à-dire que lorsque nous considérons qu'une même âme peut avoir plusieurs diverses pensées[3], et qu'un même corps avec sa même grandeur peut être étendu en plusieurs façons, tantôt plus en longueur et moins en largeur ou en profondeur, et quelquefois, au contraire, plus en largeur et moins en longueur ; et que nous ne distinguons la pensée et l'étendue de ce qui pense et de ce qui est étendu, que comme les dépendances d'une chose, de la chose même dont elles dépendent ; nous les connaissons aussi clairement et aussi distinctement que leurs substances, pourvu que nous ne pensions point qu'elles subsistent d'elles-mêmes, mais qu'elles sont seulement des façons ou des dépendances de quelques substances.

1. Leibniz opposera à Descartes que l'étendue est une notion qui ne se suffit pas à elle-même, mais qu'elle suppose nécessairement la force.
2. C'est-à-dire les *formes* et les *qualités occultes* des scholastiques. La théorie de Descartes reste, en effet, victorieuse contre ces entités multiples et ces « vertus » distinctes les unes des autres : elle ne l'est pas contre la théorie leibnizienne de l'activité inhérente à tout être réel.
3. « C'est le même esprit qui s'emploie *tout entier* à vouloir et *tout entier* à sentir et à concevoir. » (VI° *Méditation*, n° 18.)

Car, quand nous les considérons comme les propriétés des substances dont elles dépendent, nous les distinguons aisément de ces substances, et les prenons pour telles qu'elles sont véritablement : au lieu que si nous voulions les considérer sans substance, cela pourrait être cause que nous les prendrions pour des choses qui subsistent d'elles-mêmes; en sorte que nous confondrions l'idée que nous devons avoir de la substance avec celle que nous devons avoir de ses propriétés[1].

65. *Comment on conçoit aussi leurs diverses propriétés ou attributs.*

Nous pouvons aussi concevoir fort distinctement plusieurs diverses façons de penser, comme entendre, vouloir, imaginer, etc.; et plusieurs diverses façons d'étendue, ou qui appartiennent à l'étendue, comme généralement toutes les figures, la situation des parties et leurs mouvements, pourvu que nous les considérions simplement comme des dépendances des substances où elles sont ; et quant à ce qui est du mouvement, pourvu que nous pensions seulement à celui qui se fait d'un lieu à un autre, sans rechercher la force qui le produit, laquelle toutefois j'essaierai de faire connaître lorsqu'il en sera temps[2].

66. *Que nous avons aussi des notions distinctes de nos sentiments, de nos affections et de nos appétits, bien que souvent nous nous trompions aux jugements que nous en faisons.*

Il ne reste plus que les sentiments, les affections et les appétits, desquels nous pouvons avoir aussi une connaissance claire et distincte, pourvu que nous prenions garde à ne comprendre dans les jugements que nous en ferons que ce que nous connaîtrons précisément par la clarté de notre perception, et dont nous serons assurés par la raison. Mais il est malaisé d'user continuellement d'une telle précaution, au moins à l'égard de nos sentiments, à cause que nous avons cru dès le commencement de notre vie que toutes les choses que nous sentions avaient une existence hors de

1. Descartes veut dire que l'on peut bien réduire l'âme à la pensée et la matière à l'étendue, mais à la condition de voir dans la pensée et dans l'étendue des choses réelles et des substances.
2. Cette cause n'est autre que Dieu.

notre pensée, et qu'elles étaient entièrement semblables aux sentiments ou aux idées que nous avions à leur occasion. Ainsi lorsque nous avons vu, par exemple, une certaine couleur, nous avons cru voir une chose qui subsistait hors de nous, et qui était semblable à l'idée que nous avions[1]. Or, nous avons ainsi jugé en tant de rencontres, et il nous a semblé voir cela si clairement, si distinctement, à cause que nous étions accoutumés à juger de la sorte, qu'on ne doit pas trouver étrange que quelques-uns demeurent ensuite tellement persuadés de ce faux préjugé qu'ils ne puissent pas même se résoudre à en douter.

67. *Que souvent même nous nous trompons en jugeant que nous sentons de la douleur en quelque partie de notre corps.*

La même prévention a lieu en tous nos autres sentiments, même en ce qui est du chatouillement et de la douleur. Car, encore que nous n'ayons pas cru qu'il y eût hors de nous dans les objets extérieurs des choses qui fussent semblables au chatouillement ou à la douleur qu'ils nous faisaient sentir, nous n'avons pourtant pas considéré ces sentiments comme des idées qui étaient seulement en notre âme, mais aussi nous avons cru qu'ils étaient dans nos mains, dans nos pieds, et dans les autres parties de notre corps; sans toutefois qu'il y ait aucune raison qui nous oblige à croire que la douleur que nous sentons, par exemple au pied, soit quelque chose hors de notre pensée qui soit dans notre pied, ni que la lumière que nous pensons voir dans le soleil soit dans le soleil ainsi qu'elle est en nous. Et si quelques-uns se laissent encore persuader à une si fausse opinion, ce n'est qu'à cause qu'ils font si grand cas des jugements qu'ils ont faits lorsqu'ils étaient enfants, qu'ils ne sauraient les oublier pour en faire d'autres plus solides, comme il paraîtra encore plus manifestement par ce qui suit.

68. *Comment on doit distinguer en telles choses ce en quoi on peut se tromper d'avec ce qu'on connaît clairement.*

Mais afin que nous puissions distinguer ici ce qu'il y a de clair en nos sentiments d'avec ce qui est obscur, nous remarquerons en premier lieu que nous connaissons claire-

---

1. Voyez plus haut n° 45 et note 1.

ment et distinctement la douleur, la couleur, et les autres sentiments, lorsque nous les considérons simplement comme des pensées ; mais que, quand nous voulons juger que la couleur ou que la douleur, etc., sont des choses qui subsistent hors de notre pensée, nous ne concevons en aucune façon quelle chose c'est que cette couleur ou que cette douleur, etc. Il en est de même lorsque quelqu'un nous dit qu'il voit de la couleur dans un corps, ou qu'il sent de la douleur en quelqu'un de ses membres : car c'est de même que s'il nous disait qu'il voit ou qu'il sent quelque chose, mais qu'il ignore entièrement quelle est la nature de cette chose, ou bien qu'il n'a pas une connaissance distincte de ce qu'il voit et de ce qu'il sent. Car encore que, lorsqu'il n'examine pas ses pensées avec attention, il se persuade peut-être qu'il en a quelque connaissance, à cause qu'il suppose que la couleur qu'il croit voir dans un objet a de ressemblance avec le sentiment qu'il éprouve en soi, néanmoins, s'il fait réflexion sur ce qui lui est représenté par la couleur ou par la douleur, en tant qu'elles existent dans un corps coloré ou bien dans une partie blessée, il trouvera sans doute qu'il n'en a pas de connaissance[1].

69. *Qu'on connaît tout autrement les grandeurs, les figures, etc., que les couleurs et les douleurs, etc.*

Principalement s'il considère qu'il connaît bien d'une autre façon ce que c'est que la grandeur dans le corps qu'il aperçoit, ou la figure, ou le mouvement, au moins celui qui se fait d'un lieu en un autre (car les philosophes, en feignant d'autres mouvements que celui-ci, ont fait voir qu'ils ne connaissaient pas bien sa vraie nature), ou la situation des parties, ou la durée, ou le nombre, et les autres propriétés que nous apercevons clairement en tous les corps, comme il a été déjà remarqué[2] ; que non pas[3] ce que c'est que la cou-

1. Cf. VI° *Méditation*, nos 10, 12.
2. Voyez plus haut, n° 65, et VI° *Méditation*, nos 8, 9.
3. ..... Mais qu'il ne connaît pas de la même manière.....

Descartes distingue soigneusement les avertissements que les sens nous donnent sur les corps et ce que l'entendement nous en apprend. Les sens nous avertissent de ce que nous devons fuir ou rechercher pour notre commodité, dans les relations de notre corps avec les corps étrangers. Mais ce que nous connaissons de

leur dans ce même corps, ou la douleur, l'odeur, le goût, la saveur, et tout ce que j'ai dit devoir être attribué au sens. Car, encore que, voyant un corps, nous ne soyons pas moins assurés de son existence par la couleur que nous apercevons à son occasion que par la figure qui le termine, toutefois il est certain que nous connaissons tout autrement en lui cette propriété qui est cause que nous disons qu'il est figuré que celle qui fait qu'il nous semble qu'il est coloré.

70. *Que nous pouvons juger en deux façons des choses sensibles, par l'une desquelles nous tombons en l'erreur, et par l'autre nous l'évitons* [1].

Il est donc évident, lorsque nous disons à quelqu'un que nous apercevons des couleurs dans les objets, qu'il en est de même que si nous lui disions que nous apercevons en ces objets je ne sais quoi dont nous ignorons la nature, mais qui cause pourtant en nous un certain sentiment fort clair et fort manifeste, qu'on nomme le *sentiment des couleurs*. Mais il y a bien de la différence en nos jugements. Car, tant que nous nous contentons de croire qu'il y a je ne sais quoi dans les objets (c'est-à-dire dans les choses telles qu'elles soient) qui cause en nous ces pensées confuses qu'on nomme *sentiments*, tant s'en faut que nous nous méprenions, qu'au contraire nous évitons la surprise qui nous pourrait faire méprendre, à cause que nous ne nous emportons pas sitôt à juger témérairement d'une chose que nous remarquons ne pas bien connaître. Mais lorsque nous croyons apercevoir une certaine couleur dans un objet, bien que nous n'ayons aucune connaissance distincte de ce que nous appelons d'un tel nom, et que notre raison ne nous fasse apercevoir aucune ressemblance entre la couleur que nous supposons être en cet objet et celle qui est notre pensée; néanmoins, parce que nous ne prenons pas garde à cela, et que nous remarquons en ces mêmes objets plusieurs propriétés, comme la grandeur, la figure, le nombre, etc., qui existent en eux de la même sorte que nos sens ou plutôt notre entendement

clair et de distinct sur la matière, c'est uniquement l'entendement qui nous le donne. (Cf. VI° *Méditation*, n°s 10, 15.)

1. Nous tombons dans l'erreur en jugeant précipitamment d'après les sens. Nous l'évitons en suspendant d'abord notre jugement, puis en consultant notre entendement.

nous les fait apercevoir, nous nous laissons persuader aisément que ce qu'on nomme *couleur* dans un objet est quelque chose qui existe en cet objet et qui ressemble entièrement à la couleur qui est en notre pensée; et ensuite nous pensons apercevoir clairement en cette chose ce que nous n'apercevons en aucune façon appartenir à sa nature.

71. *Que la première et principale cause de nos erreurs sont les préjugés de notre enfance.*

C'est ainsi que nous avons reçu la plupart de nos erreurs. A savoir pendant les premières années de notre vie, que notre âme était si étroitement liée au corps, qu'elle ne s'appliquait à autre chose qu'à ce qui causait en lui quelques impressions, elle ne considérait pas encore si ces impressions étaient causées par des choses qui existassent hors de soi, mais seulement elle sentait de la douleur lorsque le corps en était offensé, ou du plaisir lorsqu'il en recevait de l'utilité, ou bien, si elles étaient si légères que le corps n'en reçût point de commodité, ni aussi d'incommodité qui fût importante à sa conservation, elle avait des sentiments tels que sont ceux qu'on nomme *goût, odeur, son, chaleur, froid, lumière, couleur,* et autres semblables, qui véritablement ne nous représentent rien qui existe hors de notre pensée, mais qui sont divers selon les diversités qui se rencontrent dans les mouvements qui passent de tous les endroits de notre corps jusqu'à l'endroit du cerveau, auquel elle est étroitement jointe et unie. Elle apercevait aussi des grandeurs, des figures et des mouvements qu'elle ne prenait pas pour des sentiments, mais pour des choses ou des propriétés de certaines choses qui lui semblaient exister ou du moins pouvoir exister hors de soi, bien qu'elle n'y remarquât pas encore cette différence. Mais lorsque nous avons été quelque peu plus avancés en âge, et que notre corps, se tournant fortuitement de part et d'autre par la disposition de ses organes, a rencontré des choses utiles ou en a évité de nuisibles, l'âme, qui lui était étroitement unie, faisant réflexion sur les choses qu'il rencontrait ou évitait, a remarqué premièrement qu'elles existaient au dehors, et ne leur a pas attribué seulement les grandeurs, les figures, les mouvements et les autres propriétés qui appartiennent véritablement au corps, et qu'elle concevait fort bien ou comme des choses ou comme les dépendances de quelques choses, mais encore les couleurs, les odeurs, et toutes les autres idées de ce genre qu'elle apercevait aussi à leur occasion ; et comme elle était si fort offusquée du corps qu'elle ne considérait les autres choses qu'autant qu'elles servaient à son usage, elle jugeait qu'il y avait plus ou moins de réalité en chaque objet, selon que les impressions qu'il causait lui semblaient plus ou moins fortes. De là vient qu'elle a cru qu'il y avait beaucoup plus de substance ou de corps dans les pierres et dans les métaux que dans l'air ou dans l'eau, parce qu'elle y sentait plus de dureté et de pesanteur ; et qu'elle n'a considéré l'air non plus que rien[1] lorsqu'il n'était agité d'aucun vent, et qu'il ne lui semblait ni chaud ni froid. Et parce que les étoiles ne lui faisaient guère plus sentir de lumière que des chandelles allumées, elle n'imaginait pas que chaque étoile fût plus grande que la flamme qui paraît au bout d'une chandelle qui brûle. Et parce qu'elle ne considérait pas encore si la terre pouvait tourner sur son essieu, et si sa superficie est courbée comme celle d'une boule, elle a jugé d'abord qu'elle était immobile, et que sa superficie était plate. Et nous avons été par ce moyen si fort prévenus de mille autres préjugés, que, lors même que nous étions capables de bien user de notre raison, nous les avons reçus en notre créance ; et au lieu de penser que nous avions fait ces jugements en un temps que nous n'étions pas capables de bien juger, et par conséquent qu'ils pouvaient être plutôt faux que vrais, nous les avons reçus pour aussi certains que si nous en avions eu une connaissance distincte par l'entremise de nos sens, et n'en avons non plus douté que s'ils eussent été des notions communes.

72. *Que la seconde est que nous ne pouvons oublier ces préjugés.*

Enfin, lorsque nous avons atteint l'usage entier de notre raison, et que notre âme n'étant plus si sujette au corps, tâche à bien juger des choses et à connaître leur nature, bien que nous remarquions que les jugements que nous

---

1. On sait que Descartes qui pose le *plein* dans la nature et n'y admet aucun *vide*, considère l'air comme un vrai corps. Une erreur sur la nature de l'air a donc à ses yeux beaucoup d'importance.

avons faits lorsque nous étions encore enfants sont pleins d'erreurs, nous avons toutefois assez de peine à nous en délivrer entièrement, et néanmoins il est certain que si nous ne nous en délivrons et ne les considérons comme faux ou incertains, nous serons toujours en danger de retomber en quelque fausse prévention. Cela est tellement vrai, qu'à cause que dès notre enfance nous avons imaginé, par exemple, les étoiles fort petites, nous ne saurions nous défaire encore de cette imagination, bien que nous connaissions par les raisons de l'astronomie qu'elles sont fort grandes : tant a de pouvoir sur nous une opinion déjà reçue [1] !

73. *La troisième, que notre esprit se fatigue quand il se rend attentif à toutes les choses dont nous jugeons.*

De plus, comme notre âme ne saurait s'arrêter à considérer longtemps une même chose avec attention sans se peiner et même sans se fatiguer, et qu'elle ne s'applique à rien avec tant de peine qu'aux choses purement intelligibles, qui ne sont présentes ni aux sens ni à l'imagination, soit que naturellement elle ait été faite ainsi, à cause qu'elle est unie au corps, ou que pendant les premières années de notre vie nous nous soyons si fort accoutumés à sentir et imaginer, que nous ayons acquis une facilité plus grande à penser de cette sorte, de là vient que beaucoup de personnes ne sauraient croire qu'il y ait des substances, si elles ne sont imaginables et corporelles, et même sensibles : car on ne prend pas garde ordinairement qu'il n'y a que les choses qui consistent en étendue, en mouvement et en figure, qui soient imaginables, et qu'il y en a quantité d'autres que celles-là qui sont intelligibles [2] ; de là vient aussi que la plupart du monde se persuadent qu'il n'y a rien qui puisse subsister sans corps, et même qu'il n'y a point de corps qui ne

---

1. Cf. *Réponses aux VIes Objections*, n° 14.

L'argumentation de Descartes repose sur ce fait que, dans le développement chronologique de notre nature, les sens devancent l'entendement. Il y a donc pour nous nécessité absolue à reviser tous nos jugements, une fois que l'entendement est devenu plus capable de prononcer, grâce à de nouvelles observations, grâce à la comparaison des différents résultats de ces observations et au raisonnement.

2. Cf. IIe *Méditation*, n°s 8 à 13.

soit sensible[1]. Et d'autant que ce ne sont point nos sens qui nous font découvrir la nature de quoi que ce soit, mais seulement notre raison lorsqu'elle y intervient, on ne doit pas trouver étrange que la plupart des hommes n'aperçoivent les choses que fort confusément, vu qu'il n'y en a que très peu qui s'étudient à la bien conduire.

74. *La quatrième, que nous attachons nos pensées à des paroles qui ne les expriment pas exactement.*

Au reste, parce que nous attachons nos conceptions à certaines paroles, afin de les exprimer de bouche, et que nous nous souvenons plutôt des paroles que des choses, à peine saurions-nous concevoir aucune chose si distinctement que nous séparions entièrement ce que nous concevons d'avec les paroles qui avaient été choisies pour l'exprimer. Ainsi la plupart des hommes donnent leur attention aux paroles plutôt qu'aux choses[2]; ce qui est cause qu'ils donnent bien souvent leur consentement à des termes qu'ils n'entendent point, et qu'ils ne se soucient pas beaucoup d'entendre, soit parce qu'ils croient les avoir autrefois entendus, soit parce qu'il leur a semblé que ceux qui les leur ont enseignés en connaissaient la signification, et qu'ils l'ont apprise par même moyen. Et, bien que ce ne soit pas ici le lieu de traiter de cette matière, à cause que je n'ai pas enseigné quelle est la nature du corps humain[3], et que je n'ai pas même encore prouvé qu'il y ait au monde aucun corps, il me semble néanmoins que ce que j'en ai dit nous pourra servir à discerner celles de nos conceptions qui sont claires et distinctes d'avec celles où il y a de la confusion, et qui nous sont inconnues.

1. Voilà pourquoi ils ont tant de peine à croire au plein absolu, à la matière subtile, etc.
2. On sait que Descartes avait composé un petit traité (perdu) sur les rapports du langage et de la pensée; et qu'il a toujours rêvé une langue spéculative universelle ayant la précision et la certitude de l'algèbre.
3. Le 2e livre des *Principes* traite précisément des choses matérielles.

75. *Abrégé de tout ce qu'on doit observer pour bien philosopher.*

C'est pourquoi si nous désirons vaquer sérieusement à l'étude de la philosophie et à la recherche de toutes les vérités que nous sommes capables de connaître, nous nous délivrerons en premier lieu de nos préjugés, et ferons état de rejeter toutes les opinions que nous avons autrefois reçues en notre créance, jusques à ce que nous les ayons derechef examinées ; nous ferons ensuite une revue sur les notions qui sont en nous, et ne recevrons pour vraies que celles qui se présenteront clairement et distinctement à notre entendement. Par ce moyen, nous connaîtrons premièrement que nous sommes, en tant que notre nature est de penser, et qu'il y a un Dieu duquel nous dépendons ; et après avoir considéré ses attributs nous pourrons rechercher la vérité de toutes les autres choses, parce qu'il en est la cause[1]. Outre les notions que nous avons de Dieu et de notre pensée, nous trouverons aussi la connaissance de beaucoup de propositions qui sont perpétuellement vraies, comme, par exemple, que le néant ne peut être l'auteur de quoi que ce soit, etc. Nous y trouverons aussi l'idée d'une nature corporelle ou étendue, qui peut être mue[2], divisée, etc., et des sentiments qui causent en nous certaines dispositions, comme la douleur, les couleurs, etc. ; et, comparant ce que nous venons d'apprendre en examinant ces choses par ordre, avec ce que nous en pensions avant que de les avoir ainsi examinées, nous nous accoutumerons à former des conceptions claires et distinctes sur tout ce que nous sommes capables de connaître. C'est en ce peu de préceptes que je pense avoir compris tous les principes les plus généraux et les plus importants de la connaissance humaine.

1. Il faut se rappeler l'aphorisme : *vere scire per causas scire.* L'idée de Dieu n'est pas nécessaire à la connaissance sensible de la nature ; elle est nécessaire à la connaissance scientifique.

2. Il ne dit pas, comme dira Leibniz, « qui tend naturellement au mouvement et se meut en réalité dès qu'elle n'a plus d'obstacles » ; il dit « qui peut être mue ». C'est de Dieu que lui vient le mouvement, et, une fois qu'elle l'a reçu, elle n'y ajoute rien et n'en perd rien.

76. *Que nous devons préférer l'autorité divine à nos raisonnements, et ne rien croire de ce qui n'est pas révélé que nous ne le connaissions fort clairement.*

Surtout, nous tiendrons pour règle infaillible que ce que Dieu a révélé est incomparablement plus certain que tout le reste, afin que si quelque étincelle de raison semblait nous suggérer quelque chose au contraire, nous soyons toujours prêts à soumettre notre jugement à ce qui vient de sa part; mais, pour ce qui est des vérités dont la théologie ne se mêle point[1], il n'y aurait pas d'apparence qu'un homme qui veut être philosophe reçût pour vrai ce qu'il n'a point connu être tel, et qu'il aimât mieux se fier à ses sens, c'est-à-dire aux jugements inconsidérés de son enfance, qu'à sa raison, lorsqu'il est en état de la bien conduire.

1. Allusion évidente au mouvement de la terre autour du soleil.

FIN.

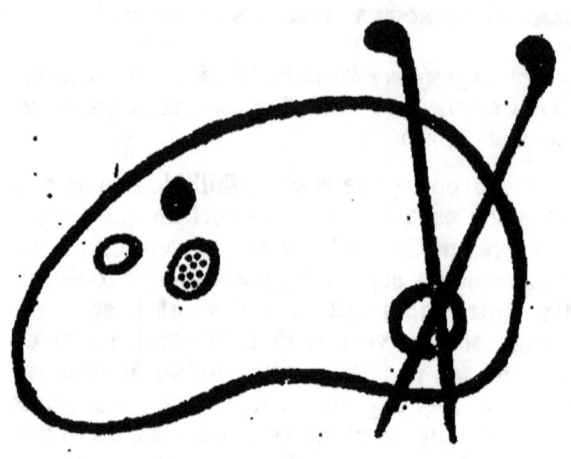

Original en couleur
NF Z 43-120-8

www.ingramcontent.com/pod-product-compliance
Lightning Source LLC
LaVergne TN
LVHW020942090426
835512LV00009B/1675